德育读本 02

主编 郭立志

奔跑吧，

总策划：路宗安
主　编：郭立志
副主编：刘庆代　张燕芳　耿文杰　姜莲玉
编　委：郭立志　张燕芳　耿文杰　姜莲玉
徐　雁　丁媛媛　吕仲宪　刘洪民
孙　黎　弓守广　侯爱勤　曹文红

山东城市出版传媒集团·济南出版社

图书在版编目（CIP）数据

奔跑吧，少年 / 郭立志主编. -- 济南 : 济南出版社, 2018.8

（中国梦德育读本）

ISBN 978-7-5488-3396-3

Ⅰ. ①奔… Ⅱ. ①郭… Ⅲ. ①德育—中学—课外读物 Ⅳ. ①G631

中国版本图书馆CIP数据核字（2018）第173321号

奔跑吧，少年

总 策 划 路宗安

主　　编 郭立志

责任编辑 宋　涛　张慧敏

出版发行 济南出版社

地　　址 山东省济南市二环南路1号（250002）

编辑热线 0531-82772895

发行热线 0531-86131728

印　　刷 济南龙玺印刷有限公司

版　　次 2018年8月第1版

印　　次 2018年8月第1次印刷

成品尺寸 170mm ×240 mm 16开

印　　张 9.5

字　　数 117千

印　　数 1—15000册

定　　价 32.00元

（济南版图书，如有印装错误，请与出版社联系调换。联系电话：0531-86131736）

写在前面

古语云“教之道，德为先”，一语道出了教育的真谛。在大力推进素质教育的今天，深入贯彻落实“以德育人”的大方略更加凸显教育的根本和意义。德育以培养人的德行为目的，教育人树立正确的价值观、人生观和世界观，更好地处理人与人、人与社会、个人与国家之间的关系，引发和促进学习者在道德认识、道德情感、道德行为等诸多方面的变化或发展。

党的十九大对培育和践行“富强、民主、文明、和谐、自由、平等、公正、法治、爱国、敬业、诚信、友善”的24字社会主义核心价值观做出新的重大部署，继续推进公民道德素质建设。中国梦的实现，有赖于每一名公民道德素质的提升，而这需要在每一个公民的学生时代就进行培育。培养广大青少年质朴勤俭、团结合作、诚实守信、知荣明耻等良好的道德品质，成为学校乃至社会的一项重要课题。有鉴于此，我们组织骨干教师，经过充分酝酿和反复修改，编写了这套《中国梦德育读本》，以此弘扬中华民族的传统美德并践行社会主义核心价值观。

《中国梦德育读本》分为两册，共十一个模块：爱国篇、理想信念篇、团队篇、规则篇、诚信篇、感恩篇、交友篇、习惯篇、自强篇、心态篇、情绪篇，旨在通过古今中外经典的故事培养学生爱党、爱国、爱人民的国家意识和社会责任意识，培养学生良好的思想道德品质、团结合作意识，让学生学会感恩、学会交往、学会坦然面对困难、理性控制情绪，促进学生核心素养的提升和全面发展，为学生的良好发展奠定坚实的思想基础。本书语言简练优美、深入浅出，故事生动活泼、通俗易懂，希望成为广大青少年朋友提高自我修养的良师益友。

编纂成书容易，道德品质的养成却不是一蹴而就的事情。希望同学们在学习的间隙常阅此书，将书中那些闪光的品质放入自己人生的行囊，以求裨益于自身美德的形成。须铭记：我们的社会，需要的不仅仅是高分数的人才，更是有道德、高素质的精英！我们热切期盼同学们成长为这样的精英！

由于编者水平有限，本书或许存在疏漏之处，敬请批评指正！

目　录
CONTENTS

感恩篇

交友篇

习惯篇

自强篇

心态篇

情绪篇

感恩篇

滴水之恩，当涌泉相报。

——《增广贤文》

爱，温暖我们，也激励我们前行。为爱感恩，生活将是一朵永不凋谢的花；懂得珍惜和奉献，幸福才会不期而至。感恩，是一种美好的品德，是生活中的大智慧。学会感恩，人与人、人与自然、人与社会才会变得更加和谐、更加亲切，我们自身也会因为感恩而变得愉快和健康起来，生命才会得到滋润。让我们彼此都能够以积极、感恩的心去享受我们的生活，去建设我们的和谐社会。

仲由百里负米

仲由，字子路、季路，春秋时期鲁国人，是孔子的得意弟子，性格直率勇敢，对父母十分孝顺。他早年家中贫穷，常采野菜做饭食，又担心父母因此而营养不良、身体不好。

为了让父母吃到米，补充营养，他就到百里之外的邻县去买米，再用肩膀扛着米袋赶回家。家里没有车马，他只能靠双腿走个来回。冬天，天寒地冻，仲由有时要顶着鹅毛大雪，踏着河面上的冰，一步一滑地往前走。脚被冻僵了，双手实在冻得不行，他便停下来，放在嘴边哈口气，然后继续赶路。夏天，烈日炎炎，汗流浃背，仲由都不肯停下来歇息一会儿，只为了能早点回家给父母做可口的饭菜；遇到大雨时，仲由就把米袋藏在自己的衣服里，宁愿淋湿自己也不让大雨淋到米袋上。虽然路途艰辛，但想到父母，仲由从未停歇过。

后来，父母先后去世，仲由按照礼数埋葬了双亲。守孝期满之后，他到楚国做了高官，出游时随从的车有上百辆，宴饮非常丰盛。但他对人说：“树林要安静下来，可风偏偏不停下来；你要奉养双亲的时候，可是父母却已经不在人世了。我到现在才懂得，即使是把最丰盛的食物供在父母墓前，都不如在他们生前用好饭好菜供养他们啊！”

希望我们都能孝敬父母，珍惜与父母的点滴相处，莫等到“子欲养而亲不待”时才懊悔。

鲁迅敬母

鲁迅的母亲是一位饱受苦难的女性。31岁时，她唯一的爱女端姑因病去世，使她精神备受打击；37岁时，丈夫又一病不起；到她39岁时，丈夫亡故。从此，她陷入悲哀与困苦之中。社会的黑暗、家境的败落，使鲁迅饱尝了世态的炎凉；处在长子的地位，又使鲁迅从少年起就懂得分担母亲的重担。鲁迅曾对人说：“阿娘是苦过来的！”因此，他一生对母亲都极为恭顺、孝敬。

鲁迅工作以后，首先在生活上给母亲以关心和照顾。为了不让母亲感到寂寞，他每天晚饭后都要到母亲房间里与她聊天。每次出门之前，他总要先到母亲屋里转一转，说声：“阿娘，我出去哉！”回来后，也一定去母亲处说声：“阿娘，我回来哉！”还时常带回些母亲喜欢吃的小食品。

鲁迅不但努力让母亲饮食可口，而且也尽量让母亲住得舒服。经济上并不宽裕的他向别人借钱，在西三条胡同买了一所住宅供母亲休养。母亲有时身体不适，鲁迅总是亲自陪着到医院诊治，亲自挂号、取药。后来，他因工作需要离京南下，每月都按时给母亲生活费，从不短缺。

除物质生活外，鲁迅在精神生活上对母亲也体贴入微、关心备至。《西厢记》《镜花缘》等优秀绣像小说，他多半是根据母亲的爱好买来的，用以满足老人对文化生活的需要。

鲁迅在中国现代文学史上有着举足轻重的地位，其伟大不仅体现在文学创作、民族精神上，更体现在尊敬、照顾母亲的点滴言行中。

陈毅为母洗尿裤

20世纪60年代初，陈毅时任国务院副总理兼外交部部长，日理万机，公务繁忙。1962年，62岁的陈毅出国访问归来，得知老母病重，下了飞机他立刻前去看望。

陈毅的母亲因病瘫痪在床，大小便不能自理。陈毅进家门时，母亲非常高兴，刚要跟儿子打招呼，忽然想起了换下来的尿裤还在床边，就示意保姆把它藏到床下。

陈毅见到久别的母亲，心里很激动，上前握住母亲的手，关切地问这问那。过了一会儿，他对母亲说："娘，我进来的时候，你们把什么东西藏到床底下了？"母亲看瞒不过去，只好说出实情。陈毅听了，动情地说："娘，您久病在身，我不能在您身边侍候您老人家，心里着实难受。这裤子我马上拿去洗了，还藏着做啥子？"好说歹说，保姆却怎么也不让陈毅洗，觉得让这么大的官去洗屎尿裤子不好。母亲也劝阻道："你好不容易回家一趟，一进门就让你洗脏裤子怎么行？"陈毅说："我不是说着玩的，您就允了吧。我小的时候，不知您多少次给我洗尿布尿裤。现在，儿子有机会为您老人家洗一洗脏裤，虽然不足以报答您的养育之恩，也总算尽了一份孝心吧。”不容再推辞，陈毅便躬下身从床下拿出母亲的尿裤和其他脏衣服，一起去洗得干干净净。看到陈毅此举，母亲欣慰地笑了。

身为儿女，我们不能将父母的养育视为理所当然，要时刻懂得感恩父母恩情。

杂色米

儿子刚上小学时，他的父亲去世了，母亲一个人含辛茹苦地拉扯着儿子。儿子争气，考上了县重点一中，母亲却患上了严重的风湿病。那时一中的学生每月都得带30斤米交给食堂。听到这个要求，儿子固执地要退学，却被母亲结实的一巴掌打到了学校……

儿子终于上学去了。不久，母亲背着一袋品种各样、颜色各异的米，一瘸一拐地挪进一中食堂。负责掌秤登记的熊师傅看了她一眼，没说什么，收下了。第二个月初，母亲又送来杂色米，熊师傅耐着性子，一字一顿地对她说：“我们什么米都收，但品种要分开，混在一起没法煮，煮出来的饭也是夹生的。要是下次还这样，我就不收了。”

第三个月初，母亲送来的依旧是杂色米，熊师傅生气地拒绝收粮。母亲挽起裤腿，露出一双僵硬肿大的腿，流着泪说出实情。原来这些米，是她讨饭得来的。她由于患风湿病而无法种田，为凑够30斤米，她每天天刚亮就拄着棍子，悄悄到十多里外的村子去讨饭，怕乡亲们知道，天黑后才偷偷摸进村……熊师傅听得潸然泪下，要去告诉校长，请求学校捐款。母亲慌不迭地摇手拒绝，怕儿子知道了伤自尊，并请求熊师傅为她保密。

三年时光倏忽而过，儿子最终以优异的成绩考进了清华大学。欢送毕业生那天，儿子才得知实情。他奔向母亲，紧紧地搂住她，号啕大哭：“娘啊，原来是您啊，您受大委屈了……”

母亲轻轻地拍拍他，眼里闪着幸福的泪花。

孝女当家

五岁那年，孟佩杰的父亲遭遇车祸身亡。在沉重的生活压力下，母亲不得已将孟佩杰送给别人抚养，不久也因病去世。在新的家庭中，孟佩杰的养母刘芳英在三年后瘫痪在床，养父不堪生活压力，一走了之。绝望中，刘芳英企图自杀，幸被孟佩杰及时发现，她哭着求养母：“妈，你别死，妈妈不死就是我的天，你活着就是我的心劲，有妈就有家。”

从此，母女二人相依为命。当别人家的孩子衣食无忧、享受宠爱时，八岁的孟佩杰早已独自上街买菜，放学回家给养母做饭。因个头没有灶台高，她就站在小板凳上炒菜，摔了无数次却从没喊过疼。

孟佩杰坚持一边照顾养母，一边上学。为配合医院的治疗，孟佩杰每天要帮养母做200个仰卧起坐、拉腿240次、捏腿30分钟。养母排便困难时，孟佩杰就用手指一点点抠出来。2009年，孟佩杰考上了山西师范大学临汾学院。权衡之下，她决定带着养母去上大学，在学校附近租了间房子居住。大一那年暑假，孟佩杰顶着炎炎烈日上街发广告传单，拿到工资后的第一件事就是买养母最爱吃的红烧肉。

不少好心人提出过帮助，但都被孟佩杰婉拒了，她坚持自己照顾养母。“我只不过做了每个女儿都会做的事。”她微笑着说。

父亲的后背

歌手李健上初中时，迷上了吉他。在那个月收入只有几十块钱的年代里，父亲斟酌再三后，用两个月的工资给李健买了一把当时最好的吉他。

初中毕业时，他考上了市里最好的高中。父亲为他骄傲，临出差时特意让儿子去车站送他。在车站，听到同事们对儿子的夸奖，父亲流露出满足的神情，这让李健真正意识到父亲为他感到骄傲；但同时他也发现，父亲有些老了。

几年后，李健考入清华大学电子工程系，繁重的功课让他一度产生退学的念头。但当他无意间翻出大一时父母的来信时，那来自父母的满篇的喜悦与自豪让李健羞愧难当，一时竟泪流满面。正是这些书信给了李健坚持到底的力量和信念。

后来，父亲患了肠癌。要做手术时，李健和姐姐凑齐了钱去交费，父亲感动得哭了，说孩子们懂事了，给孩子们添麻烦了。在生命的最后阶段，他已病重到上厕所都几乎无法步行，李健就背着父亲去上厕所。李健背着父亲时，父亲说了句“原谅爸爸”，这句话成了至今最让李健难过的话。他知道，父亲是怕麻烦到他，觉得是给儿子增加了负担，现在连上厕所都还要儿子背，要儿子扶。“父亲的后背曾是我最熟悉的地方，是童年的我常常在此睡觉的温暖天堂。我尽管看不到他的表情，可我知道那是我熟悉的表情，我深知这句简单的话里的含义，有内疚、有感激、有牵挂，更有不舍……当时我的歌唱事业没有什么大的起色，他一直担心我的生活。多年以后，我偶尔会想起这个场景，想起这句话，常常不能释然。”

羊有跪乳之情，鸦有反哺之义，人有尽孝之念。我们与父母相处的时间在一天天地缩减，天下最不能等待的事情莫过于孝敬父母。

陌生人的一碗面

那天，佳芬跟妈妈吵架之后就往外跑，后来才发现，自己身上竟然一毛钱都没带！肚子饿了，正好看到前面有个面摊，热腾腾的面散发着诱惑。佳芬在面摊前徘徊了好久。当面摊老板得知佳芬没带钱时，她热心地说：“没关系，我可以请你吃呀！来，我下碗馄饨面给你吃！”

不一会儿，老板端来面和一些小菜。佳芬吃了几口，感激得掉下泪来。她对老板说道：“我们又不认识，你都对我这么好，愿意煮面给我吃。可是……我自己的妈妈，就知道唠叨，我觉得她一点都不在乎我……”老板听了委婉地说道：“孩子，你怎么会这样想呢？我不过煮了一碗面给你吃，你就这么感激我，那你自己的妈妈，煮了十几年的面和饭给你吃，你怎么不感激她呢？你怎么还可以跟她吵架？”

佳芬一听，整个人愣住了。是呀，妈妈煮了十几年的面和饭给我吃，我怎么没有感激她呢？而且，仅仅为了一件小事，我竟然就和妈妈大吵一架……想到这，佳芬感到十分羞愧。匆匆吃完面后，佳芬鼓起勇气，往家的方向走，她好想真心地对妈妈说："妈妈，对不起，我错了！"佳芬走到家巷口时，看到疲惫焦急的母亲正在四处张望。看到佳芬时，妈妈焦急地说："阿芬呀，赶快回家吧！饭菜都已经做好了，你再不赶快回去吃，菜都凉了！"听到这儿，佳芬的眼泪夺眶而出……

颜回敬师

孔子带领他的学生们周游列国，在去陈国和蔡国的路上被困，一连好几天没吃上一顿饭。孔子的大弟子颜回见老师饿得很，心中十分担心老师的身体。他只得向人乞讨，没承想碰上一个好心的老婆婆，给了他一些米。

颜回高高兴兴地把米拿回来，急忙把米倒在锅里，砍柴生火，不一会儿，饭就熟了。孔子这时刚好醒来，突然闻到一股扑鼻的饭香，便起来探看。刚一跨出房门，就看见颜回正从锅里抓了一把米饭往嘴里送。孔子又高兴又生气：高兴的是有饭吃了；生气的是颜回竟然如此无礼，老师尚且未吃，他却自己先吃了起来。

过了一会儿，颜回恭恭敬敬地端来一大碗香喷喷、热腾腾的米饭，送到孔子面前，请老师进食。不料，孔子站起身来，要用这碗米饭祭奠他去世的父亲。颜回一把将那碗米饭夺了回去，连忙说：“不行！不行！这米饭不干净，不能用它来祭奠！”孔夫子询问原因，颜回答道：“刚才我煮饭时，不小心把一块炭灰掉到上面，我感到很为难，倒掉吧，太可惜了，但又不能把弄脏的饭给老师吃呀！后来，我把上面沾有炭灰的饭抓来吃了。这掉过炭灰的米饭怎能用来祭奠呢？”孔夫子听了颜回的话，才恍然大悟，原来颜回抓饭吃是出于对自己的敬爱，于是消除了对颜回的误解，深感这个弟子是个贤德之人。

汉明帝尊师

汉明帝刘庄还是太子时，就对自己的老师桓荣非常尊敬，从不摆太子的架子。一次，桓荣老师病重在床，不能前来太子宫讲课，刘庄每天早晚都要派人前去询问病情，并且送去美味的食物。桓荣那时已60岁了，刘庄为了照顾他，遇到下雨或者天色已晚，走路不便时，就留老师在太子宫住。9年后，在桓荣的悉心教导下，刘庄成为当时出色的经学家之一。为了表达对老师教诲的感激之情，他亲自给桓荣写了一封信，殷切希望老师注意饮食起居，好好保重身体。

即位后，汉明帝虽然处在至尊无上的地位，却一如既往地尊敬老师，从不把桓荣当一般臣下看待。那时桓荣已80多岁了，汉明帝为了照顾他，首先免去了他上朝奏事的礼节，让他在家里好好休养。为了能经常见到老师，继续向老师学习，并让老师教授更多的人，汉明帝常常带领百官到太常府去听桓荣讲解经义。到了桓荣家后，他亲自搀扶老师起坐，让他坐在东面，自己仍坐在学生的位置。等老师坐定后，汉明帝就叫侍从把几案摆在老师面前，还亲自手捧经书，带着百官及儒生侍立在老师面前，恭恭敬敬地听老师讲课。在学习中，有人向明帝请教，他总是很谦逊地说："太师在这里，我们好好听太师讲吧！"一到休息时间，他又亲自捧着从皇宫带来的点心来到老师面前，请老师食用。

桓荣病故，汉明帝当即吩咐侍从为他准备丧服，亲自去吊唁。到了太常府门前，没等侍从揭开辇帘，他已下了辇，急忙走了进去，径直来到了老师的灵柩前，流着泪行礼。随后，他转身对老师的亲属抚慰了一番，方才含悲离去……

鲁迅感恩启蒙老师

鲁迅12岁时到三味书屋跟从寿镜吾先生求学。寿镜吾先生方正质朴的为人和严谨的治学态度给鲁迅留下了极深刻的印象，使得他对先生充满了真挚的爱戴和敬意。

寿镜吾先生非常欣赏鲁迅的文学天赋。有一次，先生出了个考对"独角兽"，同学们根据数字，对出"二头蛇""九头鸟"等，鲁迅却根据《尔雅》对了个"比目鱼"。先生连连点头，说："'独'不是数字，但有单的意思。'比'也不是数字，但有双的意思，可见是用心思对出来的。"于是把鲁迅大大夸奖了一番。

据鲁迅的弟弟周建人回忆，他们的父亲病重，服用的汤药里需要一味三年以上的陈仓米做药引，鲁迅多方寻找未果。寿镜吾先生知道后，说他有办法。几天后，先生竟亲自背了陈仓米步行至鲁迅家中，专程来送药引。虽然最终父亲还是病逝了，但从那以后鲁迅便视寿镜吾先生为自己的亲人。

鲁迅18岁到南京读书，每当放假回绍兴时，总要抽空去看望寿镜吾先生。1902年至1909年，鲁迅出国留学。八年间，鲁迅经常写信向先生汇报自己在异国的学习情况。先生也非常关心鲁迅，每次收到信后，就连夜写回信。鲁迅每次回故乡，都要到三味书屋去看望先生。1906年6月，鲁迅从日本回绍兴与朱安女士结婚，在绍兴只停留了短短的四天，但仍专程前去探望了年逾花甲的寿镜吾先生。

后来，鲁迅在北京工作期间，曾三次回故乡绍兴，每次都要去看望先生。据先生的长孙寿积明回忆："鲁迅先生每次来时，祖父总是在三味书屋里接待他……祖父和鲁迅先生不时发出爽朗的笑声，一谈就是半天。"另据先生之孙寿宇回忆："每年春节前，鲁迅总是给我祖父写'拜年信'，以'镜吾夫子大人函丈，敬禀者'开头，以'敬请福安'结尾，下具'受业周豫才顿首百拜'之类的话。"

和老师的约定

1914年夏天，丰子恺考入浙江省立第一师范学校，在这里他遇到了认真威严、才情卓绝的老师李叔同。一次，年轻气盛的丰子恺出言顶撞了态度蛮横的训育主任，还互相推搡起来。学校开会处理时，训育主任主张立刻开除丰子恺。一向沉默少言的李叔同亲自带丰子恺当面向训育主任道歉，并向学校求情，丰子恺才得以保全学籍，继续求学。

1918年，李叔同在杭州虎跑寺出家为僧，法号弘一。老师“长夜凄风眠不得，度群生那惜心肝剖？”的爱国赤诚，也引燃了丰子恺胸中生生不息的精神之火。他觉得回报师恩的最好方式，便是成为和老师一样的人。此后，丰子恺变得更加努力精进，孜孜以求地投入到绘画事业中。

后来，弘一法师写信和丰子恺约定共同创作《护生画集》。他们相约在弘一大师70岁时作《护生画集》第三集，图画70幅，如此类推，到弘一大师百岁时作第六集100幅。丰子恺深思之后，以拳拳之心写下八个字：“世寿所许，定当遵嘱。”

不到三年，弘一大师在福建圆寂了。而丰子恺仍独自坚守着当年和老师的约定。1973年年底，75岁高龄的丰子恺画完了《护生画集》第六集的100幅画，这时距离他创作第一集的时间，已经整整过去45年。

弘一法师在世时，丰子恺把《护生画集》当成是送给老师的寿礼；在弘一法师圆寂后，丰子恺又把它看成是对老师的怀念。丰子恺对老师的感恩之情，令世人动容。

吴健雄感念胡适

20世纪，与居里夫人齐名的华裔物理学家吴健雄女士，是胡适的学生。她聪颖好学，成绩超群。一次，胡适因为吴健雄成绩优异，破天荒给了她100分。这成了胡适后来为人津津乐道的一个话题。

虽然吴健雄师从胡适只有一年时间，后来又选择了物理学，但双方在半个世纪内从未停止过通信。1936年秋，胡适赴美国参加哈佛大学300年校庆，特地写信给在此留学的吴健雄："凡治学问，功力之外，还需要天才。龟兔之喻，是勉励中人以下之语，也是警惕天才之语。有兔子的天才，加上乌龟的功力，定可无敌于一世。仅有功力，可无大过，而未必有大成功。"同时，他希望吴健雄多读文史方面的书，这样才能胸襟阔达，见解高明。

感动不已的吴健雄反复阅读信件，正考虑如何回复，却又收到胡适只是为了更正上封信中写错的一个词句的第二封信。老师那非同一般的严谨负责的治学态度，成为吴健雄受益终生的精神财富。即使在物理学上成就斐然并成为美国科学院院士后，吴健雄仍然真诚感恩胡适。

众所周知，杨振宁、李政道因提出并论证了"宇称不守恒定律"而荣获1957年诺贝尔物理学奖，但这一定律的实验证明却是由吴健雄设计完成的。当人们为实验物理学界出现这样一位杰出华裔女性而感到意外与惊喜时，吴健雄终于道出个中奥秘："要有勇气去怀疑已成立的学说，进而去求证。是胡院长的'大胆地假设，小心地求证'两句话教育和鼓舞了我。”

1965年2月，值胡适去世三周年祭，吴健雄特地将胡适1936年10月30日给她的信函原件寄给其夫人江冬秀，作为“胡适纪念馆”保藏的文物，以此寄托哀思和对老师的永久怀念。

毛泽东尊师

徐特立是毛泽东在湖南第一师范上学时的老师，他学而不厌、诲人不倦、艰苦朴素、谦虚勤奋的作风给全校师生留下了深刻的印象。1927年大革命失败时，许多人离开了共产党，而徐特立却在此时毅然加入了共产党。因此，毛泽东对徐老愈加敬重。

徐特立60岁生日时，毛泽东怀着对师长的尊敬之情，写了一封感情真挚的信给徐特立，为他祝寿，并在信中说：“您是我二十年前的先生，您现在仍然是我的先生，您将来必定还是我的先生。”

新中国成立后，尽管政务十分繁忙，毛泽东却从没有疏淡他与徐特立之间的师生情谊。

一次，毛泽东邀请徐特立到家中吃饭，席上专备了几样家乡风味的菜肴招待老师。毛泽东抱歉地说：“徐老，请您来，没有好菜吃。”徐老笑着说：“人意好，水也甜嘛！”毛泽东要让老师坐上席，徐老说：“你是全国人民的主席，应该坐上席。”毛泽东马上说：“您是主席的老师，‘一日为师，终身为父’，您更应该上坐。”硬是让徐老坐了上席。

毛泽东见老师的穿着还像当年那样简朴，就将自己身上穿的一件呢子大衣脱下来送给老师，说是以表学生心意。徐特立接衣在手，激动不已——毛泽东是人民的领袖，敬老尊贤，像这样无微不至地关怀自己已经不是第一次了。以前撤离延安时，毛泽东不仅亲自去送行，连自己仅有的两只热水瓶都送给他……徐特立想到这些，不禁老泪纵横。

居里夫人不忘恩师

居里夫人是世界上最著名的女科学家，曾两次获得诺贝尔奖，被人们尊称为“镭的母亲”。她在取得巨大成就、受到世人无限敬仰时，首先想到的是自己少年时代教法语的欧班老师。

居里夫人曾给欧班老师寄去一封信，在信中向欧班老师表达敬意，并告诉老师她一直在法国从事科学研究，诚邀老师到巴黎做客。细心的她还把往返的路费寄了过来。久别的师生见面了，居里夫人在家里热情接待了欧班老师。她亲自下厨房做菜，向老师祝酒，饭后又和老师紧紧挨在一起，亲切地谈心。她使欧班老师忘掉了一切拘束，忘掉了面前是一位诺贝尔奖的获得者。

华沙的镭研究所建成了，居里夫人受邀去参加开幕式典礼。开幕式快要开始的时候，居里夫人忽然从主席台上快步走下来，捧着鲜花穿过人群，来到一位坐在轮椅上的老年妇女面前。居里夫人深情地亲吻了她，轻轻推着她的轮椅向主席台走去。回到台上，居里夫人向大家介绍，这位老人就是自己少年时代的欧班老师。会场里的人都向这师生俩投来羡慕敬佩的目光，全体起立，热烈地鼓起掌来。老人的脸上挂满了激动幸福的泪水，她没想到她的学生成为世界名人之后，对她还是那样尊敬。

金萍养师

钟炳堃是宋金萍小学六年级时的班主任，对他相当疼爱。当得知宋金萍家庭困难时，钟老师用自己的工资施以帮助，并在生活中一直关心着自己的这位学生。

后来，宋金萍考入北京体育学院。钟老师特意来看他时，他因为饥饿，从吊环上跌落在地。钟老师把他扶起后发现他满头虚汗，顿时心痛不已，把自己平时积攒的22元钱和一些零碎的粮票给了他，帮助他挺过了人生最困难的阶段，也让他感受到了老师慈母般温暖的爱。当时宋金萍就暗下决心："老师到现在没有结婚，我就要当她的儿子，长大后为她养老送终。"

工作后的宋金萍只要有空就回学校看望老师，陪老师说说话，还主动为老师买米买面，隔三岔五还送点鱼和肉。

钟老师70岁高龄后，宋金萍担心老师的身体，便跟妻子一起接老师回家养老。每天，宋金萍夫妇变着花样为老师做可口的饭菜，晚饭后陪她下楼散步。临睡之前，老师的床头保准有一杯酸奶、两片面包。随着年岁增长，钟炳堃记忆力衰退，牙也掉了，耳朵也背了，最后眼睛也看不见了，生活彻底不能自理。对于老师失明后的每次发火，宋金萍都默默听着，一次也没顶过嘴。"一日为师，我得一辈子尊敬她，赡养她。”年复一年，钟炳堃在宋金萍家中总共生活了28个年头。

宋金萍用行动，使“一日为师，终身为父”不仅仅是纸上一句劝人尊师重教的箴言，更是要用言行实践一生的感恩与回报。

刘禹锡与柳宗元的生死之交

刘禹锡与柳宗元的身世极为相似，他们同升迁，共沦落，是荣辱与共、患难同当、肝胆相照的朋友。

永贞革新失败后，刘、柳二人同时遭贬。他们不断地通过诗文往来，互相鼓励。十年后，他们结束贬官生涯，回到长安，却遭到了再一次的贬谪。这次离长安更遥远，条件更艰苦。

当柳宗元得知自己被贬至柳州，而刘禹锡被贬到比自己更远的播州时，不禁大哭起来：“禹锡有老母，年事已高，如今他要到蛮方远郡去做刺史，在西南绝域的地方，来回有上万里的路程，哪能让他和老母一起去？如果母亲不去，母子各在一方，这便成为永别。我和禹锡是好朋友，我哪能忍心看他母子这样呢？”于是，柳宗元立即向朝廷请求，愿用自己所任的柳州与刘禹锡的播州对换，就是再加一重罪，也死而无怨。皇帝感念二人的深情厚谊，于是改令刘禹锡到连州任刺史。刘禹锡听闻此事，心中充满了对这

位挚友的感恩之情。

元和十四年冬，柳宗元与世长辞，客死柳州任上。此时的刘禹锡正扶着母亲的灵柩行走在衡阳的路上，在获知好友柳宗元病故的噩耗后，顷刻间便泪如雨下。随后，他一边派仆人前去料理柳宗元的后事，一边含泪给韩愈写信，希望他能为柳宗元撰写墓志铭，以昭其冤。之后，他花毕生之力，整理柳宗元的遗作，然后又全力筹资刊印，使其得以问世，以告慰黄泉之下的柳宗元。

刘禹锡与柳宗元这对朋友之间情谊的感恩与珍惜，至今仍令无数后人动容。

谢冰莹与柳亚子

1930年秋天，女作家谢冰莹和柳亚子先生初次见面。柳亚子有口吃的毛病，但在诗文才情的衬托下，这反而格外增加了谢冰莹对他的景仰和尊敬。谢冰莹常常能接出柳亚子想说的话，默契的两人从此结下了深厚的友谊。

1931年柳亚子先生发表了组诗《新文坛杂咏》，分别赠予鲁迅、郭沫若、茅盾、叶绍钧、谢冰莹等人。当时谢冰莹年仅25岁，柳亚子先生为其题诗曰："谢加弱女胜奇男，一记从军胆气寒。谁遣寰中棋局换，哀时庾信满江南。"谢冰莹28岁生日时，柳亚子先生还专门填了《寿冰莹·浪淘沙》词两首，发表在当年《新时代》杂志上。

1933年11月底，谢冰莹在福建被卷进了"闽变"的政治旋涡之中，她跑到上海避风头，最想看望的便是柳亚子先生。柳先生说上海是不安全的，劝她回湖南躲一段时间，于是，她便来到了长沙妙高峰下的青山祠。1936年4月14日夜，谢冰莹在日本因不愿欢迎所谓“满洲国”的傀儡皇帝溥仪而被逮捕，被关在日本监狱中。谢冰莹在《女兵自传》中回忆说，当时上海各报都登载了她在日本被捕的消息：“许多朋友看了都为我着急，担心我有生命的危险。后来，柳亚子先生的电报来了之后，领事馆和留学监督处都派人去保释我，使我在三个星期之后就被释放出来。”谢冰莹在《我认识的亚子先生》一文中说：“亚子先生对待朋友，总是那么热情、关心。同情他们的境遇，体贴他们的困难，帮助他们，而不希望得到丝毫的报酬。对于我，他完全像个老母亲对待幼小的儿女似的那么关心。”

与朋友交，常怀感恩，友谊之树方能常青。

八吊钱，一世情

梅兰芳15岁时，不幸染上了白喉病，仍每日坚持带病演出。在当时的医疗条件下，若治疗不及时，白喉病会危及生命。极为赏识梅兰芳的“三爷”李宣倜得知后，心急如焚。当从梅兰芳的祖母那里得知，他们全家都靠梅兰芳每天唱戏赚的八吊钱来养活时，李宣倜当即承诺，他来出每天的八吊钱，要梅兰芳在家里安心养病。40天后，梅兰芳病愈登台。

后来抗日战争爆发，梅兰芳蓄须明志，拒绝与日本人合作。李宣倜却在汪伪“南京国民政府”任职。抗战胜利后，梅兰芳名满天下，李宣倜却沦为“汉奸”，妻离子散，独自蜗居在上海一间小公寓里，晚景凄凉。别人对他唯恐避之不及，但梅兰芳从不避嫌，不光每月资助他200元生活费，还经常派上海的弟子去陪他聊天解闷。梅兰芳每次到上海演出，必先把李宣倜接来吃饭，依然毕恭毕敬，喊一声“三爷”。

1961年，李宣倜弥留之际，梅兰芳侍奉床前，紧握住他干枯的双手，动情地说道：“三爷放心，身后之事，我一人承担。”老人闻言，潸然泪下，不久安然辞世。他生前是“汉奸”，几乎没有朋友，没有亲人，全部后事均由梅兰芳亲力亲为，操办妥当。两个月后，梅兰芳也溘然长逝。

这段往事的见证人、篆刻大师陈巨来在回忆录中提起此事，感叹：“苟梅先死二月，则李尸臭矣!”他的话也许过于直白，却更让人对这段情义心生敬重。

“滴水之恩，当以涌泉相报。”梅兰芳以一颗感恩的心谱写了这段情义佳话。

一饭千金

西汉开国功臣韩信早年出身贫困，父母早逝，没有什么人可以依靠，每天只有靠讨饭过日子。一天，一个老婆婆见他饿得骨瘦如柴，面无血色，便把自己的饭分一些给他吃。一连几天，这位老婆婆每天都给韩信饭吃，韩信十分感激，便对老婆婆说：“您这样照顾我，将来我一定要好好报答您。”老婆婆说：“我不要你报答。只希望你努力自立

啊！”韩信满脸羞愧。从此，他认真读兵书，练习武艺，决心做个有用的人。

乡里有一个恶少，在街上侮辱韩信说：“看你整天舞枪弄棒，像个有胆量的人。来来来，你敢拿剑刺我吗？要是不敢，你就从我这胯下爬过去！”韩信心想：“如果我拿剑刺他，岂不犯了杀人罪？日后还有什么前途呢？还是宁受眼前之辱也不逞一时之勇为好。”于是，他伏在地上，从那个恶少的胯下爬了过去。周围看热闹的人都哈哈大笑起来。

后来，韩信功勋卓越，被封为楚王。他回到了故乡，派人去找给他饭吃的老婆婆。韩信见了老婆婆，向她再三道谢，并送给她一千两黄金。曾经侮辱过韩信的那个恶少却吓得直打哆嗦，韩信用手拍着他的肩膀笑着说：“你不必害怕，过去的事就算了。”又对左右的将士说：“这位将士从前羞辱过我，其实是激励我上进啊！让他做个中尉吧！”

对于曾经帮助过自己的人，韩信念念不忘；对于曾欺辱自己的人，他不但没报复，还以德报怨，予以原谅和提拔。这是一种怎样的气度与胸怀！

来自大洋彼岸的邀约

2005年夏天，美国人乔治为治疗妻子的疑难杂症，带妻子来到中国看病。由于看病几乎花光了全部的家当，他只能以很低的价格聘请了北京外国语学院的贫困学生赵小宁做翻译。

赵小宁刚为乔治工作了几天，一位同学便带着一名外国人急急火火地来找他。原来一家加拿大公司来北京谈生意，急需两名翻译，报酬相当丰厚，同学便推荐了成绩优异的他，让他赶紧推掉乔治的事。

乔治知道此事后，没说什么，只想请赵小宁在走之前，尽快再给他找一名中国翻译，哪怕只是会最简单的交谈。赵小宁抬头看看乔治，又看看他病中的妻子，半天都没有说话。最后，赵小宁回绝了那位同学和加拿大人的请求。他说他现在已经熟悉了乔治妻子的病情，如果换个人去跟大夫交流，会对她的病情不利。急需用钱的赵小宁谢绝了同学，选择留下来。乔治强忍住眼里的泪花，什么也没有说。

第二年，乔治的妻子离开了人世。乔治重新去打点他几乎倒闭的化妆品公司。三年过后，赵小宁大学毕业，为找到满意的工作奔波了两个月，却一无所获。就在这时，从美国飞来一封信，是乔治的。他说赵小宁的善良与为人深深打动了他，三年来他念念不忘。如今他的公司很快就要到中国办厂，需要一名中国方面的代理人，问赵小宁愿不愿意与他合作，报酬是每月八万美金。

赵小宁万万没有想到，在他最困难、走投无路的时候，会如此幸运地收到从大洋彼岸的美国飞来的邀约，这真是雪中送炭，时来运转。

很多感恩的故事，最开始只是源于我们的善念。

交友篇

益者三友，损者三友。友直，友谅，友多闻，益矣。友便辟，友善柔，友便佞，损矣。

——孔子

友谊是人生不可或缺的部分，正因为这样，我们在交友时更需要慎重。交诤友，不交损友；交志同道合的朋友，不交狐朋狗友。朋友的数量也不是多多益善，“人生得一知己足矣”。当然，我们也应该真诚地对待朋友，互帮互谅的友谊是最长久的。让我们用正确的态度扬起友谊之帆，在人生的征途上乘风破浪！

高山流水见知音

春秋时期，有个叫俞伯牙的人，精通音律，琴艺高超，是当时著名的琴师。俞伯牙年轻的时候聪颖好学，曾拜高人为师，但他总觉得自己还不能出神入化地表现对各种事物的感受。

伯牙的老师知道他的想法后，就带他乘船到东海的蓬莱岛上，让他欣赏大自然的景色，倾听大海的波涛声。伯牙举目眺望，只见波浪汹涌，浪花激溅；海鸟翻飞，鸣声入耳；山林树木，郁郁葱葱，如入仙境一般。一种奇妙的感觉油然而生，耳边仿佛响起了大自然那和谐动听的音乐。他情不自禁地取琴弹奏，音随意转，把大自然的美妙融进了琴声，伯牙体验到一种前所未有的境界。老师告诉他："你已经学会了。"

一夜，伯牙乘船游览。面对清风明月，他思绪万千，于是又弹起琴来，琴声悠扬，渐入佳境，忽听岸上有人拍手叫绝。伯牙闻声走出船来，只见一个樵夫站在岸边。他知道此人能够领会曲中之意，当即请樵夫上船，兴致勃勃地为他演奏。伯牙弹起赞美高山的曲调，樵夫说道："真好！雄伟而庄重，好像高耸入云的泰山一样！"当他弹奏表现奔腾澎湃的波涛时，樵夫又说："真好！宽广浩荡，好像看见滚滚的流水、无边的大海一般！”伯牙兴奋极了，激动地说：“知音！你真是我的知音。”这个樵夫就是钟子期，他总能领会俞伯牙的琴律，因此二人成了非常要好的朋友。

管鲍之交

管仲和鲍叔牙是春秋时期的一对好朋友，他们之间的友谊史称“管鲍之交”。

当时齐国因王子们争夺王位而爆发内乱。管仲被任命辅佐公子纠，而鲍叔牙却被任命辅佐公子小白。因兄长襄公无道，两位公子被迫流亡。

内乱平息后，公子纠和公子小白都要赶回齐国夺权登位，管、鲍二人自然各为其主。在中途，管仲曾射中小白的衣钩，险些使其丧命。结果是小白抢先回到齐国登基，就是历史上的齐桓公。而公子纠和管仲只好回到鲁国继续政治避难。

随后，鲍叔牙设计借鲁国之手杀了公子纠，又把管仲“引渡”回齐国。齐桓公为了泄射钩之恨，要杀管仲，被鲍叔牙制止了。鲍叔牙告诉齐桓公，管仲是个治国奇才，不仅不能杀，而且还要重用。齐桓公不答应，鲍叔牙又说：“如果您不想成就霸业，那就算了。如果您想治国图强称霸，非用管仲不可，我鲍叔牙是不如他的。”最终，管仲当上了齐国的宰相。

管仲果然是个治国奇才，上任后把国事料理得有声有色。几年下来，齐国在政治、军事、经济等各方面日益强大，称霸当时，使春秋时期的其余四霸谁也不敢轻举妄动，各国之间常年的战争因此平息，难怪孔子在一百多年后惊叹地说："微管仲，吾其披发左衽矣。"

管仲能报答鲍叔牙的，就是不让鲍叔牙继承相位。因为他深知，只要他一死，齐桓公就会完蛋，而鲍叔牙一旦继任相位也会随之死于非命。果然，管仲死后的第二年，齐桓公也死了。他的五个儿子开始争夺王位，相互攻杀。齐桓公的尸体在床上躺了六七十天，尸体腐臭了，也无人过问。而鲍叔牙则幸免于难，全身而退，逍遥事外。

所谓"生我者父母，知我者鲍子也"，真正的朋友就是要能够相互理解，为对方着想，这样的知己才更能经得起考验。

孙膑与庞涓

春秋战国时期，著名的军事家孙膑与庞涓曾经同窗学艺，时间长了，两人结为至交。两个人学成之后先后下山。临行之时，老师暗示孙膑，说庞涓是个心胸狭隘之人，不可与他深交，而孙膑却不以为意。

果不其然，庞涓知道孙膑才智超过自己，心里暗生妒忌，唯恐孙膑威胁到自己的地位，于是就起了谋害之心。他暗中诬陷孙膑私通外国，将其膑足黥面。善良的孙膑还被蒙在鼓里，在双膝膝盖骨被剔去的情况下，他还全心全意地为庞涓默写《孙子兵法》。直到庞涓的一位家丁仗义执言，孙膑才获知真相，这才如梦初醒。

后来，孙膑诈疯逃出魔爪，想报仇雪恨。在齐国使者的帮助下，孙膑逃到了齐国，被齐威王重用，任命为军师，辅佐齐国大将田忌两次击败了庞涓，取得了桂陵之战和马陵之战的胜利，奠定了齐国的霸业。

孙膑正是因为误交了庞涓这样的恶友，才遭到残害，虽然逃脱一死，但身心遭受到了巨大的创伤。交友不慎，后悔晚矣！

宁可孤单，不交恶友。在交友这件事上，君子不交恶友，交恶友就是引狼入室，早晚必受其害。

荀巨伯退胡贼

荀巨伯是汉朝时人。有一次，荀巨伯有个远方的朋友病得很严重，他急忙前去看望。当时正遇上胡贼进攻这个地方，百姓纷纷逃难去了。于是，荀巨伯那位病中的友人对他说：“我已经是快死的人了，你就别在我这儿耽误时间了。胡贼正在攻城，你快逃命去吧！”荀巨伯着急地说：“我是特意从远方赶来探望你的，如今你有重病了却让我背信弃义离你而去求活命，我岂能做出如此之举呢？”

胡贼很快攻破了城池，在城中烧杀抢掠。胡贼发现了荀巨伯和他病重的友人，对荀巨伯说：“我们的大军到这里来，发现这地方的人都跑光了。你是什么人，竟还敢待在这里呢？”荀巨伯回答说：“我的朋友重病在身，需要人照顾，我不忍弃他而去。现在我宁愿用自己的性命来换取我朋友的性命。”胡贼听荀巨伯这样一说，感到很是惊异。过一会儿，胡贼首领把他所有的同伴聚来，说：“我们这些没道义的人，却侵入了有道义的土地。”于是率领军队退回到他们自己的国家去了。这样一来，荀巨伯的友人所在的这个地方就得到了保全。荀巨伯对朋友如此情深义重，着实令人感动，这真是患难见真情啊！

大难面前，义字当头，方为男人本色。真正的友谊，不是花言巧语，而是关键时刻拉住你的那只手。

邹长倩良言赠友

汉武帝的宰相公孙弘，小时家里很贫穷。他多年以放猪为生，四十多岁了，才发愤读书，学习《春秋》和其他经典。武帝初年，举贤良方正，公孙弘应试对策考了第一名，被拜为博士。

公孙弘要去长安时，他的近邻好友邹长倩看到他的衣帽破旧，就脱下自己的衣服、鞋帽给他穿戴上，还赠送给他干草一束、素丝一桄、扑满一个，并分别题词说："干草虽不值钱，但人们日常生活离不开它。古诗说：'生刍一束，其人如玉。'意思是送他一束干草，那人像玉石一样美丽。用此诗赠予您，希望您贵不忘贱。素丝一根一根地织成线，多少线积成了缕，多少缕积成了这一桄。这说明积少成多，积多成大。希望您不要认为是'小善'而不去做啊！扑满是用土做的陶器，是用来装钱的。它的构造是有入口而没有出口。钱装满了，就把它摔破了取出钱来。因为钱贵重，而扑满不贵重。现在有些当官的征敛百姓的钱，聚而不散，将会得到扑满的下场，你可要时刻告诫自己啊！"

末了，邹长倩说道："保重吧，别后有山川的阻隔，风霜雨露的变迁，您可要谨慎从事，建功立业啊，我在家乡听候您的好消息！"

后来，公孙弘当了汉武帝的宰相，被封为平津侯。他广纳贤明，把自己应得的俸禄全拿出来招待宾客，自己和家人却经常吃粗米穿布衣，时刻不辜负好友邹长倩的期望，不忘记好友的赠言。

邹长倩良言赠挚友，既是对好友的美好期望，也指明了公孙弘前进的道路，使他终于成为一代贤相。

晏子的交友之道

晏子是我国春秋时期齐国著名的政治家、思想家、外交家。他以政治远见、外交才能和作风朴素而闻名。晏子值得学习的地方很多，特别是他的交友之道非常值得我们借鉴。

晏子从不滥交朋友，一旦交了朋友，就善始善终，并且对朋友“久而敬之”。交往时间越长，晏子就越恭敬有礼，别人也就对他越来越尊重。晏子的朋友大都情深义重，甚至有人愿为他付出生命。北郭骚就是其中之一。

北郭骚是齐国名士，为人孝顺，但家境贫困。他慕名去拜访晏子，希望能得到一些粮食。晏子久闻其名，觉得他人品很好，就热情接待了他，还送他很多粮食和金钱。北郭骚谢绝了金钱，只收下了粮食，两人从此成为好友。不久后，晏子被齐景公猜忌，逃亡他国。路过北郭骚家，进去告别，阐述了事情的经过，但北郭骚只说了一句：“请好自为之。”言毕送客。

晏子走后，北郭骚对朋友说：“我仰慕晏子道义，故与之相交。如今晏子被无端猜忌，我将用生命为他洗清冤屈。”北郭骚换好衣服，前往王宫拜见景公的近臣。在王宫里，北郭骚慷慨激昂地说："晏婴是名闻天下的贤相，因他在，其他国家畏惧而不敢侵犯齐国。若他出亡，齐国必遭侵犯。我不想看见国家生灵涂炭，我愿用生命为晏子洗清冤屈。"说完便自刎身亡。景公见此非常后悔，亲自驾车去边境追回了晏子。

交普通朋友投之以德，待之以和；交知心朋友投之以诚，待之以礼。朋友关系的存续是以相互信赖为前提的，只有信赖，友情才能天长地久。

杵臼之交

东汉时期，有一个家境贫寒却勤奋好学的读书人，名叫公沙穆。公沙穆很喜欢读书，并且读书很刻苦。他通过读书懂得了不少知识，但还是觉得不满足，总认为自己所学知识有限，学识太浅薄，一心想进入京城太学继续学习深造。可是公沙穆家实在是太穷困了，根本没有那么多的钱作为他入太学学习的费用。于是，公沙穆就想办法到一位名叫吴佑的富户家里做舂米的工人，以挣取学费。这位吴佑曾经担任过齐相、长史等官职。

有一天，公沙穆正在舂米，吴佑来到了他的身边。吴佑看到公沙穆举止温文尔雅，谦逊有礼，根本就不像没有文化只会做粗活的工人，于是便和他攀谈起来，没想到两人谈得还很投机。经过交谈，吴佑发现公沙穆不仅学识渊博，见多识广，而且谈吐不凡，很有独特见解，对他欣赏有加。于是吴佑便不顾忌彼此之间的贫富悬殊，和公沙穆在杵臼前结为朋友。后来，人们就用“杵臼之交”来比喻交朋友不分贫富贵贱之意。

在封建社会里，贫富悬殊，等级森严，像公沙穆和吴佑这样的友谊真的是难能可贵。由此可见，友谊是没有高低贵贱之分的。

患难之时见友谊

北宋时期的范仲淹因为主张改革，触怒了朝廷，被贬去颍州。当范仲淹卷起铺盖离开京城时，一些平日与他关系很要好的官员，生怕被说成是其朋党，一个个避之唯恐不及。

有个叫王质的官员则不然，他当时正生病在家，听到这个消息后，却不顾及自己的病情急忙出门，坦坦荡荡不避嫌地将范仲淹一直送到城门外。大臣们纷纷责怪他说：“你是有声望的人，为什么非要沦为范仲淹的朋党呢？”王质说：“范仲淹先生是天下的贤人，我哪敢奢望成为他的朋党呢？如果真能够成为范先生的朋党，那我感到太荣幸了。”听完他的话，大臣们都惭愧得缩着脖子低下头不说话了。

在那“一人犯罪、株连九族”的封建社会里，像王质这样，能做到不计个人利害得失、真诚地对待朋友的，着实令人钦佩。他的这种高尚品格和那些见利忘义、背信弃义之徒相比较，实在是难能可贵啊！对于范仲淹来说，谁是真正的朋友，谁是假惺惺的朋友，此时此刻，也就一清二楚了。

患难之时见友谊，苦难和挫折并不全是坏事，至少它能使我们认清谁才是真正的朋友。

刎颈之交

《史记·廉颇蔺相如列传》中提到“卒相与欢，为刎颈之交”。“刎颈之交”是指即使掉脑袋也不变心的朋友。

起初，蔺相如为“赵宦者令缪贤舍人”，地位低下。后来，由于蔺相如在完璧归赵、渑池之会等事件中功勋卓著，被擢升为上卿，职位在将军廉颇之上。廉颇认为蔺相如只凭口舌之能爬上高位，非常不满，想要排挤他。他们在路上碰到时，蔺相如连忙叫人把车转到小巷子里避开，让廉颇的车先经过。随从们很不满意蔺相如这种处处忍让的行为，认为上官礼让下官是耻辱。蔺相如解释说：“现在强横的秦国之所以不敢侵犯赵国，是因为赵国有我和廉将军两个人，如果我和他闹不和，秦国就可以趁机侵犯赵国。我之所以对廉将军处处避让，并不是怕他，而是为国家的安全着想。”听此，随从们很是佩服蔺相如的大度和他的爱国之心。

蔺相如的这番话很快传到了廉颇的耳中，廉颇感到十分惭愧，于是就脱去了上衣，背上荆条，步行到蔺相如的家中跪着请罪。蔺相如见廉颇知错能改，如此真诚地前来请罪，非常感动，于是亲自上前为蔺相如拿掉荆条。两人攀谈起来，十分畅快，从此成了生死相交的好朋友。

个人恩怨在国家利益面前是多么微不足道。赵国文有蔺相如的“先国家之急”，武有廉颇的“负荆请罪”。有臣如此，赵国才能强大。

无地自容的杜肃

武则天统治时期，曾下令禁止杀生。

左拾遗张德，多年盼望生个儿子，恰在这一年遂了愿。他十分欣喜，同僚纷纷到家贺喜。为了答谢来宾，张德宰了一只羊，摆酒宴请同僚。席间，补缺官员杜肃偷偷塞了一块肉在袖口里，当夜便上表武则天，告发张德不守臣规，违犯了“禁止杀生”的命令，犯下大罪。

第二天早朝，武则天不露声色，问张德：“听说你添了个儿子？”张德以为是皇帝关心他，非常高兴，立即叩头谢恩。跪拜后，他正准备起身，谁知武则天又问：“你家里的肉是哪里来的？”这一问，吓得张德立刻叩头如捣蒜，连呼“臣有罪！臣该死！”老实交代了自己杀羊庆贺喜得儿子的事，请求皇帝网开一面。参加张德家宴的那些同僚也吓得面如土色，唯有打小报告的杜肃暗暗得意，认定武则天要大大地表彰自己。

不料武则天冷冷地看了杜肃一眼，又转向张德说：“我禁止天下杀生，意在不准追求生活过度奢靡。你生儿子杀羊庆贺，没有罪，平身吧。不过以后请客，应该有所选择，不要请错人啦。”说完，将杜肃写的奏表，交给张德和群臣看。杜肃没想到竟弄巧成拙，羞愧难当，只得辞官。而武则天也对“禁杀令”做了修改，规定婚丧嫁娶过节实生，可以不受“禁杀令”限制。

交友有风险，选择需谨慎。“人生得一知己足矣”，在交友这件事上，应宁缺毋滥。

割席断交

东汉末年的管宁和华歆在年轻的时候，是一对非常要好的朋友。他俩成天形影不离，相处得很融洽。

有一次，他俩一块儿去劳动，在菜地里锄草。两个人努力干着活，顾不得停下来休息，一会儿就锄好了一大片。只见管宁抬起锄头，一锄下去，“当”的一声，碰到了一个硬东西，管宁好生奇怪，将锄到的一块泥土翻了过来，只见黑黝黝的泥土中，有一个黄澄澄的东西闪闪发光。管宁定睛一看，是块黄金，就自言自语地说了句：“我当是什么硬东西呢，原来是块金子。”接着，他不再理会了，继续锄他的草。

“什么？金子？”不远处的华歆听到这话，不由得心里一动，赶紧丢下锄头奔了过来，拾起金块捧在手里仔细端详。

管宁见状，一边继续挥舞着手里的锄头干活，一边责备华歆说：“钱财应该是靠自己的辛勤劳动去获得，一个有道德的人是不可以贪图不劳而获的财物的。”

华歆听了，口里说：“这个道理我也懂。”手里却还捧着金子左看看、右看看，怎么也舍不得放下。后来，他实在被管宁的目光盯得受不了了，才不情愿地丢下金子，回去干活。可是他心里还在惦记金子，干活也没有先前努力，还不住地唉声叹气。管宁见他这个样子，不再说什么，只是暗暗地摇头。

俩人还曾坐在一张席上读书。有人乘华美的车马经过其门前，管宁像往常一样读书，华歆却丢下书，出去观望，艳羡不已。

后来，管宁就拿出刀子当着华歆的面把席子从中间割成两半，痛心而决绝地宣布：“我们两人的志向和情趣太不一样了。从今以后，我们就像这被割开的草席一样，再也不是朋友了。”

真正的朋友，应该建立在共同的思想基础和奋斗目标上，一起追求、一起进步。如果没有内在精神的默契，只有表面上的亲热，这样的朋友是无法真正沟通和理解的，也就失去了做朋友的意义了。

韩愈和柳宗元

韩愈和柳宗元同是唐代古文运动的领袖，他们之间有着十分深厚的友谊。他俩同朝为官，韩愈为监察御史时，柳宗元做监察御史里行（御史的见习官）。他们两个经常在一起讨论政事，切磋诗文，尽管有时候争论得面红耳赤，却丝毫不影响他们之间的友谊。

当柳宗元因参加王叔文改革而被贬到永州做司马时，许多过去的朋友因此同他断了往来，但他和韩愈之间的书信往来却从没有间断过。他们在信中倾吐着思念之情，还经常把自己的新作品寄给对方征求意见，对于政治、人生等问题也经常交流看法。当观点有分歧的时候，他们就展开激烈的争论。有时候为辩明一个问题，他们会往复许多次信件，争论很长时间。

柳宗元先于韩愈去世。逝世前，柳宗元给韩愈写了一封长信，托他关照自己的子女。韩愈接到信后，反复诵读，凄然泪下。为了缅怀老朋友生前的功绩，寄托自己的哀思，他赶写出了《柳子厚墓志铭》。

柳宗元死后的第三年，柳州人民为他修了罗池庙宇，并请韩愈为新建的庙宇题写碑文。韩愈欣然接受，很快就写出了《柳州罗池庙碑》，字里行间流露出对柳宗元的怀念之情。

时空的变换无损于真挚的友谊，见解的碰撞让他们的思想在历史上熠熠闪光，永垂千古。

成吉思汗的左膀右臂

铁木真是一个蒙古贵族家庭的长子。他九岁时，父亲被仇家害死。从此，家道中落，生活贫困，母亲靠拾野果挖草根艰难地养大了五个孩子。

铁木真13岁的时候，有一天，家里的八匹马被贼抢去了，铁木真自告奋勇骑马去寻找。路上遇到一个少年，了解到铁木真的情况，很同情他。他给铁木真换下了疲惫的坐骑，又给了他很多食物，然后对他说："我愿意做你的朋友，我叫孛斡尔出，我和你一起去找马吧！"他们走了三天，又经过了一场厮杀，终于赶回了那八匹马。铁木真很感激他，回到孛斡尔出的家，执意要留下几匹马作为酬谢。孛斡尔出一再推辞，说："我是看你有困难才来帮你，我是自愿的，怎么能要你的东西？我们是朋友，如果接受了你的酬谢，我还跟你做朋友干什么？"从此，他俩成了有难同当、有福同享的最亲密的伙伴，他的一生都和铁木真的事业紧密地联系在一起。

公元1206年，铁木真统一蒙古各部族，被推举为蒙古大汗，人称"成吉思汗"。

他把孛斡尔出封为右翼万户。在封赏的仪式上，他说："你是个很重义气的人。后来你又和我并肩作战，行军中你为我挡风遮雨。我做得正确的，你鼓励我，帮我去做；错误的，你批评我，阻止我去做。你是我最好的伙伴，是我的左膀右臂，你得到这样的赏赐是当之无愧的！"

"以心换心"才是我们和别人交朋友的诚意。这种朋友间的义薄云天，让人百读而不厌，千读犹如新。成吉思汗由于有孛斡尔出这样的朋友辅佐，才能建立起前无古人的功业。

互相成就的冯小刚与葛优

1989年，电影《顽主》上映，大获成功。当时有位导演叫冯小刚，被影片中的主演之一葛优吸引，当即想让葛优出演他的《编辑部的故事》中的男主角李冬宝。但是冯小刚没有葛优的住址，没想到朋友王朔认识葛优。当时外面正下着大雨，冯小刚全然不顾，冒着大雨，当即就拉着王朔去见葛优。

冯小刚和王朔找到葛优的住所，结果“铁将军”把门——葛优不在家。邻居邀请两人进屋坐会儿，但冯小刚执意要到楼下去等。他们俩在楼下找了一个车棚等待葛优。大约过了40分钟，葛优终于回来了。他看到两人的衣服几乎全淋湿了，很受感动，赶忙把他们请进屋。进屋后刚一落座，冯小刚就开始不停地谈剧本，葛优不好意思地说自己档期有些紧张。

冯小刚仍然真诚相邀，一而再再而三地劝说，最后他留下了剧本，一再叮嘱葛优慎重考虑一下。当天晚上，葛优仔细看了《编辑部的故事》的剧本，发现其语言诙谐幽默，发人深省，于是决定接这部戏。从此，葛优开始了与冯小刚的合作，多年的亲密合作使两人产生了深厚的友谊。后来，冯小刚常对葛优感叹：“如果那天我们走了，不等你回来，也就错过大好时机了。这说明我俩还真是有缘分啊!”而葛优则说：“我们俩的缘分，是用你的诚心换来的。说实话，你给我的荣誉，我不敢惦记，但你的诚心我没敢忘记。我还要感谢我家楼下的那个破车棚，它是你精诚所至的见证啊！”

正是因为冯小刚的“非诚勿扰”，才成就了演艺圈的一段佳话。

人生得一知己足矣

瞿秋白是一介书生，论文著书，倚马可待，其文学功底在当年的中国共产党内是排在前列的。在大革命的浪潮中，作为一个理论家、宣传家，乃至革命教育家，瞿秋白才华横溢，绰有余裕。

鲁迅比瞿秋白年长18岁，又是新文化运动的核心人物，在文坛的地位比瞿秋白重要得多。然而，鲁迅把革命的希望寄托于青年，正如鲁迅在《〈三闲集〉序言》中所说：“我一向是相信进化论的，总以为将来必胜于过去，青年必胜于老人。”对于瞿秋白这位活跃文坛的青年健将，鲁迅的评价是很高的。

1931年，鲁迅和瞿秋白第一次通信，并逐渐建立起深厚的友谊。此后瞿秋白遇险时，曾数次前往鲁迅的住所躲避。在白色恐怖弥漫的上海，文坛领袖鲁迅也时刻面临各种各样的危险。但是，每当瞿秋白和杨之华（瞿秋白夫人）被“鹰犬”追猎的最危急的时刻，鲁迅和夫人许广平总是置自身生死于不顾，甘当他们安全的最可信赖的保护者。瞿秋白可能从来没有向鲁迅当面称谢过，但是他曾多次对一位党内同志说：“我是在危难中去他家，他那种亲切与同志式的慰勉，临危不惧的精神，实在感人至深。”

1935年6月18日，瞿秋白在福建长汀遇害，鲁迅非常愤慨，决定编订瞿秋白的译文集以资纪念，于是《海上述林》出版了。

“人生得一知己足矣，斯世当以同怀视之。”这是鲁迅以清人何瓦琴的联句，书赠瞿秋白的条幅，这或许是两人友谊的最恰当评价。他们的友谊摆脱了世俗的利害，达到了圣洁的境界。

黄宾虹与傅雷的忘年交

傅雷和黄宾虹的友谊开始于1943年。那年，傅雷35岁，黄宾虹78岁；一个在上海，一个在北平。两人虽相差43岁，却是一对真正的忘年至交。

傅雷在法国留学时，除攻读巴黎大学文科外，还就读于卢浮美术史学校，回国后，一度在上海美术专科学校教美术史，而黄宾虹是画家，两人志趣相投。傅雷得到黄宾虹作品并收藏的共有60多幅。在13年的交往中，傅雷给黄宾虹写了121封信。傅雷对国画的研究颇感兴趣，多批评与指责，而独对黄宾虹的画喜爱有加。作家施蛰存对黄宾虹晚年的画不以为然，认为太浓太黑，称之为“墨猪”。傅雷把施蛰存训斥了一顿，认为他根本不懂画。

最为感人的是，傅雷还在上海为蛰居北平的黄宾虹举办个人画展。黄宾虹感激傅雷对画展的鼎力相助，更视傅雷为一生中难得的知己。1954年，黄宾虹利用华东美协在上海为他举办个人画展的机会，以91岁高龄的瘦弱身躯，拜访傅雷。傅雷更是多次到黄宾虹北平和杭州的家中拜访。

1955年3月，92岁的黄宾虹因病住进医院，在病床上他仍记挂着傅雷。傅雷闻讯后也是一夜没有睡好。黄宾虹逝世后，傅雷建纪念室，出《黄宾虹画集》，甚至黄夫人宋若婴的生活补贴等都由傅雷到杭州奔走落实。1961年，他在寄给侨居新加坡的画家朋友刘抗的信中，还对黄宾虹做出高度评价：“我认为在综合前人方面，石涛以后，宾翁一人而已。”

道同而相谋，夫庸知其年之先后生于吾乎？傅雷在黄宾虹身上看到了中国画的希望与生路，黄宾虹在傅雷身上找到了知音和激励。他们的友谊已经到了“息息相通，事事相切”“生无请言，死无托词”的最炽烈、最真挚、最高尚的境界。

中国合伙人

2013年上映的《中国合伙人》，是由陈可辛执导的中国第一部创业传奇巨制，该片借鉴了不少新东方外语培训学校的故事。

作为中国规模较大的外语培训机构，新东方可谓声名赫赫。十几年来，它帮助很多年轻人实现了出国梦。有人评价说："在神州，任何一个企业都不可能像新东方这样，站在几十万小伙子运气的转折点上，站在工具方交流的转折点上，对神州社会的进步发挥出如此直接而重大的作用。"这样的赞誉此刻看来也不为过。对于出身农村的俞敏洪来说，如果没有同学的帮助，就不会有现在的成就。

俞敏洪在北大当学生的时候，一直具备为同学服务的精神。他成绩一直不够优秀，但从小热爱劳动的他希望通过勤奋的劳动来引起老师和同学们的注意。他每天为宿舍打扫卫生，这一打扫就打扫了四年，所以他们宿舍从来没有值日表。他还每天拎着宿舍的水壶去给同学打水，甚至有时候他忘了打水，宿舍的同学直接冲他喊："俞敏洪怎么还不去打水？"但是俞敏洪并不觉得打水是一件让人吃亏的事情，因为大家都是同学，互相帮助是理所当然的。

大学毕业后十年，到了1995年年底的时候，俞敏洪希望已有一定规模的"新东方"能够有更好的发展，就跑到美国和加拿大去找他的同学，他需要这些人与他一起干。为了吸引同学回来，他还带了一大把美元，每天在同学面前非常大方地花钱。后来，他们回来了，但是给了俞敏洪一个十分意外的理由："俞敏洪，我们回去是冲着你过去为我们打了四年水。"他们说："我们知道，你有饭吃肯定不会给我们粥喝，所以让我们一起回中国，共同干新东方。"

俞敏洪昔日的付出成就了"中国合伙人"，中国合伙人成就了新东方。朋友之间只有坦诚相待，不斤斤计较，互帮互助，才能在人生路上走得顺畅。

男孩与广场鸽

广场上有一群鸽子，广场边上住着一个小男孩，他每天都到广场喂鸽子，有时带去小米，有时带去谷子，也有时候和鸽子一起分享手中的面包。时间长了，鸽子们就把小男孩当成了朋友。每当小男孩出现在广场上，鸽子们就会成群结队地落下，围在他周围，有的甚至还跳到他的肩膀上，有两只调皮的鸽子还用嘴轻轻啄他的脸庞。小男孩非常开心。

后来，小男孩上学了。有一天上美术课，要画小动物，小男孩的同学对老师说，小男孩和广场上的鸽子是朋友，老师就请小男孩带一只鸽子来，让大家临摹一下。小男孩同意了。第二天上学，他将跳到他肩膀上的那只鸽子带到了教室；放了学，他又将鸽子送了回去。

可是从那以后，小男孩再去广场喂鸽子时，那些鸽子竟然像不认识他一样，对他警惕地防备着，再也不敢飞到他身上，连他喂的食都不再吃了。小男孩很伤心，就回去问奶奶。奶奶听完小男孩的诉说，告诉他说：“孩子，一开始你和鸽子是朋友，是因为你们之间有着信任，它们知道你不会伤害它们。可自从你把它们中的一只抓走后，它们就不再信任你了，所以，就不再吃你喂的食物了，也不把你当朋友了。”

小男孩后悔极了，流下了难过的眼泪。只是一次背弃，小男孩便失去了一群亲密的朋友，多么令人痛心啊！由此可见，朋友之间相互信任是多么重要！

珍惜别人对我们的信任，勿失信于人。无论友情还是爱情，都容不下一点欺骗，一次背弃便会造成一条难以填平的鸿沟。相互间的信任是无价的，一旦失去，用什么也换不回。

君子重一诺

从前，有一个年轻人得罪了国王，国王很生气地判他死刑。生活中的年轻人是个大孝子，家中有一位老母亲。在牢狱中，他日夜挂念着自己年迈的母亲。行刑的日子将近，他向国王提出要回家看望老母亲最后一眼。

国王同意了，但是为了保险起见，国王提出必须有人代替他坐牢才行，如果他逃跑了，代替者将要被处以死刑。人们一听这话，谁都不敢来代替他。这时，他的一位好朋友急忙赶来，向国王说："国王陛下，我愿意代替他，让他回家尽孝吧。"国王问："你不怕他为了活命，趁机逃跑不回来吗？"朋友回答说："他不会的！我相信我的朋友。"朋友于是代替那个年轻人坐了牢。可是到了行刑那天，那个年轻人并没有按时回来。这时，天上下着瓢泼大雨，朋友坐在囚车里，人们都在为他感到可惜。

正要行刑的时候，那个年轻人一瘸一拐地回来了。他满身泥泞，原来他在路上出了意外，所以来晚了。国王被这真挚的友情感染了，下令放了年轻人和他的朋友，并且赏了他们万两黄金。

君子重一诺，朋友之间信守承诺，才能让友谊凌霜不凋。

友谊的诠释

一个士兵看见自己的战友在战斗中倒下了。此时他正在战壕里，子弹从头顶上不断地嗖嗖飞过。他问长官是否允许他到战壕之外去带回那倒下的战友。

“你可以去，”长官说，“不过我觉得这不值得，你的朋友多半已经牺牲了，并且你也可能会送掉性命。”但是，长官的忠告没起作用，这个士兵还是去了。

这个士兵奇迹般地找到了他的战友，把他背回了战壕。途中，这个士兵中弹了，两个人一起摔倒在长官面前。长官给士兵检查了伤情，然后惋惜地说：“我告诉过你，这不值得。你的战友已经死了，你也受了致命伤。”“可这是值得的，长官。”“什么，值得？但是你的战友已经死了！”

这个士兵回答道：“长官，他是死了，但是我所做的是值得的，因为当我走到他身边的时候，他还活着。我听到他说：‘朋友，我就知道你会来的！’”

士兵的举动为友谊做了一个深刻的诠释。真正的朋友是你在人生旅途中即使身处绝境也决不离弃的人，是在你无助的时候仍有力搀扶你的人。

毕加索的271幅画

毕加索是一位西班牙画家，被誉为“20世纪最伟大的艺术天才”。

晚年的毕加索，生活得非常孤独。尽管他的身边围绕着很多人，但他很清楚，那些人都是冲着他的画来的。他想找一个人好好说说话，聊聊天，可是很难，直到一个给门窗安装防盗网的安装工盖内克出现在毕加索的生活中。

盖内克每天休息的时候，都会陪毕加索聊聊天。盖内克憨厚，没多少文化，看不懂毕加索的画。但他很愿意陪毕加索聊天，他觉得老人很慈祥，很温厚，就像自己的祖父。

毕加索为盖内克画了一幅肖像。画好后，他说：“朋友，把它收好，也许将来你会用得着。”盖内克接过画，实在看不懂，说道：“这画我不想要，您将厨房里那把大扳手送给我吧。”

毕加索不可思议地说：“朋友，这幅画不知能换回多少把扳手。”盖内克将信将疑地收起那幅画。此后，毕加索又陆陆续续送给盖内克许多画。

1973年4月8日，93岁的毕加索去世。还在四处找活、过得非常艰难的盖内克悲痛万分。他忽然想起毕加索赠送给他的那些画。他清点了一下，发现共有271幅，便将它们珍藏起来。他没有对任何人说起过，包括自己的家人。

2010年12月，盖内克将这271幅画，全部捐给了法国文物部门，价值达1亿多欧元。人们感到非常困惑，盖内克却说："毕加索曾对我说，'你才是我真正的朋友'。是朋友，我就不能占有，只能保管。我把这些画捐出来，就是为了让它们得到更好的保管。"

朋友间最重要的是坦诚相待，无关地位，无关财富，只在于内心交汇的刹那，就认定你是我的朋友。

马克思和恩格斯的友谊

马克思和恩格斯的友谊是人类友谊的典范。

从1842年马克思和恩格斯第一次会晤起，40年里，他们在领导国际共产主义运动的伟大斗争中，团结作战，患难与共，建立了深厚的友谊。

由于革命斗争需要，他们曾身处两地近20年，但他们之间的关系不仅没有因此而疏远，反而联系越来越密切。他们几乎每天都要通信，交谈各种政治事件和科学理论问题，共同指导着各国的无产阶级革命运动。马克思不仅十分钦佩恩格斯的渊博学识和高尚人格，而且对恩格斯的身体也很关心。有一段时间，恩格斯生病，马克思时时挂在心上，他在给恩格斯的信中说："我关心你的身体健康，如同自己患病一样，也许还要厉害些。”

恩格斯为了“保存最优秀的思想家”，在经济上资助贫困的马克思，使其能专心致力于革命理论的研究，他违背自己本来的意愿，到父亲经营的公司中去从事那“鬼商业”的工作。当《资本论》第一卷付印的时候，马克思给恩格斯写信说：“其所以能够如此，我只有感谢你！没有你为我的牺牲，我是绝不可能完成三卷书的巨大工作的。我满怀感激的心情拥抱你。”恩格斯尽管做出了巨大牺牲，但他始终认为，能够同马克思并肩战斗40年，是一生中最大的幸福。

马克思与恩格斯之间的这种崇高的革命友谊，正如列宁所赞扬的，它“超过了古人关于友谊的一切最动人的传说”。

习惯篇

少成若天性，习惯成自然。

——孔子

英国思想家培根说："人的思考取决于动机，语言取决于学问和知识，而他们的行动，则多半取决于习惯。"

良好习惯的养成，能够让人们习得正确的学习方法和生活方式，形成卓越的能力和高尚的德行；坏习惯的养成，则可能会使人丧失宝贵的机遇，失去美好的前程。再有，惯性思维常会堵塞创新的思路，不利于我们开阔视野、活跃思路、丰富眼界。所以，我们在做决策时，就应避免被惯性思维左右，学会突破思维定式，找到更为广阔的天空。

一屋不扫，何以扫天下？

东汉时期有一个人叫陈蕃，他学识渊博，胸怀大志，少年时代发奋读书，以天下为己任。

一天，他父亲的一位老朋友薛勤来看他，见他独居的院内杂草丛生、秽物满地，就对他说：“你怎么不打扫一下屋子，以招待宾客呢？”陈蕃回答：“大丈夫处世，当扫除天下的污秽，哪能只顾自己的一室呢！”薛勤当即反问道：“一屋不扫，何以扫天下？”陈蕃听了无言以对，觉得很有道理。从此，他开始注意从身边小事做起，最终成为一代名臣。

大事都须从小事做起。《弟子规》中说：“房室清，墙壁净，几案洁，笔砚正。”意思是说：书房、卧室要整理清洁，墙壁要保持干净，书桌上笔墨纸砚等文具要放置整齐，不得凌乱，触目所及皆是井井有条，才能静下心来读书。

不教一日闲过

齐白石是我国20世纪著名的书画大师和书法篆刻巨匠，代表作品有《花卉草虫十二开册页》《白石草衣金石刻画》等。2011年5月22日，他的最大尺幅作品《松柏高立图·篆书四言联》被拍出4.255亿元人民币的天价。

齐白石非常珍惜时间，他一直用一句警句来勉励自己，这句警句就是：“不教一日闲过”。怎样才算是“不教一日闲过”呢？他给自己制定了一个标准，就是每天要挥笔作画，一天至少要画五幅。虽然已经90多岁了，但他还一直坚持这么做。

有一次，齐白石的家人、朋友和学生来给他过90岁生日，在喜庆的气氛中，他一直忙到很晚才把最后一批客人送走。这时他想，今天五幅画还没有完成呢，应该作完画再睡觉，于是他拿起笔作画。由于过度疲劳，难以集中精力，在家人的一再劝阻下，他才去休息。第二天，齐白石早早地起床了，家人怕他累坏身体，都劝他再多休息会儿，可齐白石却十分认真地说：“昨天客人多，我没有作画，今天可要补上昨天的‘闲过’呀！”说完他又认真地作画了。

他能取得这样的成就与他“不教一日闲过”的习惯有很大关系。这既是一种勤勉，也体现了对待人生一丝不苟的精神。

鲁迅爱护书

鲁迅的全部生活内容里，书籍占有重要的地位，他因此被人称为“爱书如命”的人。在他的生命里，爱书已经是一种浸入灵魂的习惯。

鲁迅在幼年时代，看书之前总要先把手洗干净了，然后才捧书阅读，避免把书弄脏。成年以后，鲁迅一直把读书、买书、借书、抄书、修书作为自己的乐趣和事业。对稀有的好书，他还亲自动手翻印，装订成册。

在鲁迅博物馆里，陈列着一盒修书的工具，那是一些简单的画线仪器、几根钢针、一团丝线、几块砂纸以及两块磨书用的石头。鲁迅就是用这些极其平常的东西，使他珍藏的一万多册图书历久常新，没有一册出现污损、破散的情况。

鲁迅一向乐意把书借给别人看，特别是青年学生。但是归还时，如果书面上有破边卷角等损坏的情况，那他是会不高兴的。对于那种不爱护书的借阅者，鲁迅宁愿把书送给他，也不忍看到那本被“蹂躏”过的书再转回来。

鲁迅常把一些好书主动寄赠给需要的人。每次把书送出去，他总是非常仔细地包扎妥帖。这种花在书本上的心力，是为了友人，更是为了书籍。

这种爱书的习惯不仅让鲁迅收藏了很多好书，更为重要的是在书籍的浸润下，他最终成为一代文豪，为我们留下了宝贵的精神财富。

毛泽东教子清厕

1937年，毛泽东带着儿子岸英在延安凤凰山某地居住。当时岸英只有十四五岁。

在毛泽东住的院外有个小厕所。这里以前一直由警卫班的同志打扫，可是一连很多天厕所总是在战士们去之前就被打扫干净了。战士们心中很是纳闷儿。

一个大雪过后的清晨，战士们很早就起来扫雪。当警卫班长准备去扫厕所附近的积雪时，发现厕所外的积雪早被打扫完了。“是谁打扫的呢？”大家估摸着，一时却猜不出来。忽然，班长听厕所里有人说话：“你到炉灶里掏些灰，用筐子挑来，往厕所里撒一撒。”多么熟悉的声音啊，班长立刻就听出了这是毛泽东和岸英的对话。

原来，毛泽东为了培养岸英从小爱劳动的好习惯，特意和岸英一起来打扫厕所。从这以后，警卫战士们经常可以看到这个男孩打扫厕所，很少间断过。

节俭也是一种习惯

新中国成立时可以用一穷二白来形容，全国上下厉行节俭。周恩来总理就特别注意节俭，在他身上，节俭已经成为一种习惯。

在人们的印象中，周总理总是那样风度翩翩。殊不知，他仅有的几套正式服装，大都穿了多年，有的破损了，精心织补后继续穿。有一次，他穿织补过的衣服接待外宾，身边工作人员说这套“礼服”早该换换啦。他笑笑说：“穿补丁衣服照样可以接待外宾。织补的那块有点痕迹也不要紧，别人看到也没关系。丢掉艰苦奋斗的传统才难看呢！”他的衬衣磨破了，换上新的领口和袖口照旧穿。至于他穿用了几十年破旧的睡衣、皮凉鞋和第一代上海牌国产手表等，已作为珍贵文物，存放在中国历史博物馆。

周总理的家常饭菜很简单，主食经常吃些粗粮，副食一般是一荤一素一汤。一位专机机长回忆说，有一次，他看周恩来吃饭时掉了个饭粒在桌上，周恩来连夹两次才夹住放进嘴里，笑着吃了。看到这种情景，这位机长后来感慨地说：“我心里不禁百感交集。什么叫廉洁，什么叫俭朴，看看总理就知道了。”

一粥一饭，当思来之不易；半丝半缕，恒念物力维艰。在我们这个资源越来越紧缺的时代，我们更应该学习周总理节俭的习惯。

手机从来不会拿进卧室

从《中国诗词大会》到《朗读者》，董卿着实又火了一把。只是这次让很多观众没想到的是，董卿的文学功底竟如此了得，对于一些诗词能信手拈来，话到细微处，还能和场上的评委闲聊几个回合。俗话说，“台上一分钟，台下十年功”，没有人可以随随便便就成功。

董卿出身于传统知识分子家庭，父亲毕业于复旦大学新闻系，热爱文史，最爱读的书是《古文观止》《二十四史》一类；母亲则偏爱西方文学，给孩子开的书单是《安娜·卡列尼娜》《茶花女》《呼啸山庄》……

董卿在受访时曾说，爸妈在家没事就是看书；上小学时，父亲会要求她在课外书里但凡看到成语、诗词，都要抄在小纸片上，贴在小书桌上，回家还要检查。

父母对董卿的严格教育，使她在小时候就对文学“耳濡目染”。或许很多人不知道，董卿还曾报考过华东师范大学，并顺利进入中文系古典文学专业攻读硕士研究生。

从业22年，董卿如今又有了一个新的标签——“诗情主持人”。甚至一些台领导也自愧不如，看了董卿的节目，都赶紧补习诗词知识。

董卿的成就，也与她的生活习惯有着密切联系。虽然如今电子互联网时代信息化和生活密不可分。但董卿多年来依然保持一个习惯，那就是睡前要阅读一小时书，手机从来不会拿进卧室。

在碎片化阅读风行的今天，要坚持这样的优雅阅读习惯，的确是件不容易的事情。

科大少年班学生——周峰

周峰13岁考取中国科技大学少年班，20岁时以优异成绩得到了美国多所大学的全额奖学金而赴美攻读博士。

周峰自己及家人在很多场合都说过：能取得这样的成绩，与良好的学习习惯分不开。在学习上，周峰有很多好习惯，比如量化学习的习惯、预习的习惯、定时学习的习惯、独立思考的习惯、专心的习惯……

以量化学习的习惯为例，周峰认识汉字和识记英语单词，都是每天10个，即使走亲串友也从不间断。一年下来，3000个常用字记住了，3000个英语单词也记住了。记乘法口诀，则是每天起床穿衣时妈妈教一句他学一句、记一句。一套《数理化自学丛书》共17本，5000多页，看起来怕人，但是“眼怕手不怕”，他每天消化10页，一年半下来就全部看完了，并做完了题目。

一般人只重视学习时的智力因素，而对于兴趣、习惯、毅力这些非智力因素不够重视，这是错误的。非智力因素同样重要，应该培养良好的学习习惯。实践告诉我们，与其花几倍乃至几十倍的时间去克服学习中的坏习惯，不如及早去培养好习惯。

站着写作的海明威

海明威是美国的著名作家。他写作时，有个很好的习惯。

他把每天早上写作当成铁的纪律，不管头天夜里睡得多晚，一大早他就走到写字台前，先重读一遍已写好的部分，让自己沉浸到情节中去。随后，他就用一只脚站着开始写作。

就这样，海明威成功地创作了长篇小说《永别了，武器》《丧钟为谁而鸣》和中篇小说《老人与海》等优秀作品，并在1954年赢得了诺贝尔文学奖。

当有记者问他为什么要单脚站着写作时，海明威笑笑，答道："这种姿势使我处于一种紧张状态，促使我尽可能简短地表达自己的思想。"

单脚写作以使自己简短表达，这样的创作习惯也体现出了海明威对作品的负责态度。这样的习惯，这样的态度，让世界人民瞬间感受到了海明威作品的温度。

应聘的福特

福特在大学毕业后，去一家汽车公司应聘。

和他一同应聘的三四个人都比他学历高，当前面几个面试之后，他觉得自己没有什么希望了。但来了，总得去试试吧。他敲门走进了董事长的办公室。

一进办公室，他注意到门口地上有一张纸，就弯腰捡了起来，发现这是一张带有污渍的纸，便顺手把它扔进了废纸篓里。然后他才走到董事长的办公桌前，说："您好！我是来应聘的福特。"董事长说："很好！福特先生，你已被我们录用了。"福特惊讶地说："董事长，我觉得前几位都比我好，您为什么会录用我呢？"董事长说："福特先生，前面的三位学历的确比你高，而且仪表堂堂，但是他们的眼睛只能看见大事，而看不见小事。你的眼睛能看见小事——我认为能看见小事的人，将来自然能看到大事，一个只能看见大事而忽略小事的人是不会成功的。"福特就这样进了这个公司。

不得不说，是优秀的习惯，使福特获得了成功。

亚里士多德曾经说过："我们每一个人都是由自己一再重复的行为所铸造的。因而优秀不是一种行为，而是一种习惯。"

成功从脱鞋开始

苏联航天英雄尤里·阿列克谢耶维奇·加加林，是第一个进入太空的地球人。

加加林在严苛的航天员选拔中为何能脱颖而出呢？说来也极其简单，是因为他有一个讲卫生的好习惯。

在确定首次进入太空的人选前一周，主设计师罗廖夫发现，在进入飞船参观时，只有加加林一个人把鞋子脱下来，只穿袜子进入座舱。就是这个细节，一下子赢得了罗廖夫的青睐。他说：“我只有把飞船交给对它如此爱惜的人才放心。”结果，在别的条件相近的情况下，加加林就凭这一“脱”而取胜了。其实，加加林也并没有刻意考虑要脱鞋，而是他的文明举止“习惯成自然”后的平常行动。后来，有人对他开玩笑地说：“加加林，你的成功是从脱鞋开始的。”

好的习惯使人在不知不觉中获得了意外成功的机会，而坏的习惯也会使人在不知不觉中走向失败的入口。习惯，在一定条件下真能决定一个人的前途、命运、发展和兴衰。

幼儿园培养的习惯

1978年，75位诺贝尔奖获得者在巴黎聚会。

有人问其中一位："你在哪所大学、哪所实验室里学到了你认为最重要的东西呢？"出人意料，这位白发苍苍的学者回答说："是在幼儿园。"又问："在幼儿园里学到了什么呢？"学者答："把自己的东西分一半给小伙伴们；不是自己的东西不要拿；东西要放整齐，饭前要洗手，午饭后要休息；做了错事要表示歉意；学习要多思考，要仔细观察大自然。从根本上说，我学到的全部东西就是这些。"这位学者的回答，代表了与会科学家的普遍看法。

英国哲学家培根说："习惯真是一种顽强而巨大的力量，它可以主宰人的一生，因此，人从幼年起就应该通过教育培养一种良好的习惯。"培根的话包含着深刻的道理，尤其是在学习问题上，几乎对于每一个人都适用。

如果你渴望获得较好的学习成绩，如果你渴望有效地利用时间，如果你渴望在学术上有所建树，那么，就请你尽早养成良好的学习习惯。

毁人的坏习惯

在一个企业里，有这样一个人，他各方面的条件都不错，本职级的工作年限也满了，应该考虑晋升了。可是他有个上班迟到的坏习惯，几乎每天都要迟到几分、十几分钟。越来越多的人反映他的这种行为，领导也很不满意。

有人向他挑明这个问题，他还是强调孩子醒不了，没办法早到。其实，他不需要早到，只需要平时让孩子早睡一点、早起一点，按时到就可以了。可他还是坚持说，孩子起不来，没办法。他固执己见，不肯改改这迟到的毛病。

结果，有个空缺需晋升一人予以填补，就因他这个不好的习惯，在评比中落在别人后面，眼巴巴地失去了晋升的机会。区区小事，决定了他不仅没能晋升，而且也不能继续在本岗位工作了，因为他超龄了。

习惯不是一时的心血来潮，也不是几天几月的短期行为，它一旦形成就有旺盛的生命力和持久性，常常会与人相随一生。正如英国作家培根说的："习惯是人生的主宰，人们应该努力追求好的习惯。"的确，行为习惯像我们身上的指南针，指引着每一个人的行动，人的许多品性都是它的作品。

昨天的习惯已经造就了今天的我们，而今天的习惯又决定我们的明天。祝愿我们所有人都能拥有更多的好习惯，来引领我们走向成功的彼岸。

每个礼拜改掉一个坏习惯

本杰明·富兰克林是几百年来被全世界公认的伟人。在79岁高龄时，他用整整15页叙述了自己年轻时曾进行过的特殊锻炼，并认为自己的一切成功与幸福都受益于此。

这一特殊的锻炼是怎样进行的呢?

年轻时的富兰克林并不十分成功，却一直渴望成功。他发现成功的关键在于获取完善的人格。经过精心总结，他认为这完善的人格应包括以下13个原则：节制、寡言、秩序、果断、节俭、勤奋、诚恳、公正、适度、清洁、镇静、贞洁、谦逊。但如果仅仅是知道这13项原则，并不能使自己成功，只有经过刻苦的锻炼，把这13项原则变成自己的13种习惯，它们才是属于自己的。

知道了这一点，他认真为自己准备了一个本子，每一页画上许多格子。他当时非常清楚：一段时间只专注于一项锻炼，才是最有效的。于是他头一个星期只专注于“节制”，每天检查自己为人处世是否“节制”，并在本子上做上记号。

一个星期后，由于天天盯住自己是否“节制”，并坚持每天监督，他惊喜地发现，这“节制”慢慢在他身上生根了。

尝到了甜头，第二个星期他每天盯住第二项——“寡言”，并对第一项“节制”复习巩固；第三个星期盯住第三项——“秩序”，再对第一项、第二项复习巩固。没想到13个星期后，他发现自己的举手投足、为人处世、待人接物发生了根本性的变化。

富兰克林生怕这13个星期还不足以使那13项原则完全变成自己的习惯，在一年内他又进行了三次13个星期的轮回锻炼。一年以后，富兰克林完全变了，这种变化已溶入了他的血液，渗入了他的灵魂，浸透到他的每一个细胞。

正是这些良好习惯的锻炼，使富兰克林不断变得优秀。他终于成为美国历史上最受人敬爱也最具影响力的人之一。

习惯的力量

美国得克萨斯州的石油大亨保罗·盖蒂曾经是个大烟鬼，抽烟非常凶。

有一次，他度假开车经过法国，天降滂沱大雨，开了几小时车后，他在一个小城的旅馆过夜。吃过晚饭，疲惫的他很快就进入了梦乡。

清晨两点钟，盖蒂醒了。他的烟瘾又犯了，很想抽一根烟。打开灯，他自然地伸手去抓睡前放在桌上的烟盒，不料里头却是空的。他下了床，搜寻衣服口袋，也毫无所获。他又搜寻行李箱，希望能发现他无意中留下的一包烟，结果又失望了。

这时候，旅馆的餐厅、酒吧早关门了，他唯一可能得到香烟的办法是穿上衣服，走到几条街外的火车站去买。

越是没有烟，想抽的欲望就越大，有烟瘾的人大概都有这种体验。盖蒂脱下睡衣，穿好了出门的衣服，在伸手去拿雨衣的时候，他突然停住了。他问自己：我这是在干什么？

盖蒂站在那儿寻思，一个所谓的知识分子，而且相当成功的商人，一个自以为有足够理智对别人下命令的人，竟要在三更半夜离开旅馆，冒着大雨走过几条街，仅仅是为了得到一根烟。这是一个什么样的习惯？这个习惯的力量有多么强大？

没过多久，盖蒂下定了决心。他把那个空烟盒揉成一团扔进了纸篓，脱下衣服换上睡衣回到了床上，带着一种解脱甚至是胜利的感觉，几分钟就进入了梦乡。

从此以后，保罗·盖蒂再也没有抽过烟。后来，他的事业也越做越大，他一手创立了石油企业王国，成为世界顶尖的富豪之一。

习惯的力量是无形而又强大的，好的习惯可以让人终身受益，而坏的习惯则像恶魔缠身。若顶不住恶习的压力，就会沦为它的奴隶。

小虎鲨的生存故事

小虎鲨生长在大海里，当然很习惯大海中的生存之道。肚子饿了，小虎鲨就努力找大海中的其他鱼类吃。虽然有时候要费些力气，却也并不觉得困难。有时候，小虎鲨需要追逐很久才能捕到猎物。这种困难随着小虎鲨经验的长进，越来越不是问题。

很不幸，小虎鲨在一次追逐猎物时被人类捕捉到了。离开大海的小虎鲨还算幸运，一个研究机构把它买了去。放养在人工鱼池中的小虎鲨虽然不自由，却不愁食物。研究人员会定时把食物送到池中，那都是些大大小小的鱼。

有一天，研究人员将一片又大又厚的玻璃放入池中，把水池分隔成两半，小虎鲨却看不出来。研究人员又把活鱼放到玻璃的另一边，小虎鲨等研究人员放下鱼之后就冲了过去，结果撞到玻璃，眼冒金星，什么也没吃到。

小虎鲨不气馁，过了一会儿，看准了一条鱼，又冲过去，这一次撞得更痛，差点没昏死过去。休息了10分钟之后，小虎鲨饿坏了，这次它看得更准，盯住一条更大的鱼，又冲过去。情况仍未改变，小虎鲨被撞得嘴角流血，它想不通这到底是怎么回事。小虎鲨沮丧地瘫在池底思索着。最后，小虎鲨拼着最后一口气，再次冲了过去。但是它仍然被玻璃挡住，还撞了个全身翻转。

小虎鲨终于放弃了。

研究人员又来了，并把玻璃拿走，然后又放进小鱼，让它们在池子里游来游去。小虎鲨看着近在咫尺的食物却再也不敢去吃了。

是什么限制了小虎鲨的行为？是玻璃吗？不，是过去的负面经验，是习惯的思维定式。

一个人在成长过程中很容易被过去的习惯经验所限制。想一想，有时候我们是不是也很像这只小虎鲨呢?

马戏团的大象

大家都见过马戏团的大象吧？通常，不表演节目时，马戏团的工作人员会用一条绳子绑住大象的右后腿，然后拴在一根插在地上的小木棍上，以避免大象逃跑。

我们都知道以大象的力量，它们可以用长鼻子卷起大树、拖拉木材，甚至可以一脚踏死一只很大的动物。为什么它如今却乖乖地站在那里呢？

原来，当这头小象被捕捉时，马戏团害怕它会逃跑，便用铁链锁住它的脚，然后绑在一棵大树上。每当它企图挣脱时，它的脚便被铁链磨得疼痛、流血。经过无数次的尝试后，小象并没有成功逃脱。于是它便有了一种认识：一旦有条绳子绑在它的脚上，它是永远无法逃脱的。因此，当它长大后，虽然绑在它脚上的只是一条小绳子，但它的意识告诉它：你不行的，别尝试逃跑了，浪费气力。

很多时候，我们被习惯性的思维限制了自己前进的脚步，明明我们的实力是很强的，可总认为自己不行或无法胜任，因而错失了许多机会。每个人都有无限的潜质，当我们想尝试某件事情时，就勇敢地去做吧，不要被习惯性的思维扯住后腿。

一个乞丐的惯性思维

上帝想改变一个乞丐的命运，就化成一个老翁前来点化他。

他问乞丐："假如我给你1000元钱，你将如何用它？"乞丐马上回答说："这太好了，我可以买一部手机呀！"上帝不解，问他为什么。

"我可以用手机同城市的各个地区联系，哪里人多，我就可以到哪里去乞讨。"乞丐回答说。

上帝很失望，又问："假如我给你10万元钱呢？"

乞丐说："那我可以买一部车，这样我以后出去乞讨就方便多了，再远的地方也可以很快赶到。"

上帝很悲哀，这次他狠了狠心说："假如我给你1000万元钱呢？"

乞丐听罢，眼里闪着光亮说："太好了，我可以把这个城市最繁华的地区全买下来。"上帝听完很高兴。

这时乞丐突然又补充了一句："到那时，我可以把我领地里的其他乞丐全部撵走，不让他们抢我的饭碗。"

上帝无奈地走了。

人们在一定的环境中工作和生活，久而久之就会形成一种固定的思维习惯，我们称之为思维定式或惯性思维。它使人们习惯于从固定的角度来观察、思考事物，以固定的方式来接受事物。在生活和学习中，我们应该试着打破惯性思维，尝试新的思维习惯，以多种角度去看待事物。

自强篇

天将降大任于是人也，必先苦其心志，劳其筋骨，饿其体肤，空乏其身，行拂乱其所为，所以动心忍性，曾益其所不能。

——孟子

人生如茶，茶如人生。不经历风雨，人生就如同温水沏茶，淡而无味；经历了沧桑，正好像沸水沏茶，沉浮之间自有一缕清香。哲人说："不要抱怨我们遍体鳞伤，因为我们选择了远航。"世事沉浮、人生无常，也许恰恰是我们的机会。与其挫折时消沉，在失意中沉沦，何不把自己当成一杯好茶，让挫折释放我们的魅力，让苦难把我们变得更加芬芳？

遭遇困境、折磨、羞辱，感到迷茫、无助、愤慨时，不妨告诉自己："冬天已经到来，春天还会远吗？"人生，在眼泪中微笑，才多姿；生命，在坚强中微笑，才精彩。

把人生沏成一壶好茶

某山有座古寺，寺内高僧佛法精深。这天，一个年轻人来到寺中，请求皈依佛门。

“我看施主尘缘未了，还是请回吧！”高僧劝道。年轻人立即诉说自己的遭遇，恳求高僧收他为徒。高僧静静地听着，直到年轻人说完，仍然不发一语。年轻人很是奇怪：“禅师为何不说话？”

高僧并不回答，只是吩咐身边的小和尚：“这位施主远道而来，速去烧一壶温水送来。”不一会儿，温水送到。高僧抓了一撮茶叶放入杯中，然后注入温水，道：“施主，请用些茶。”年轻人一看，杯中茶叶没有泡开，于是问道：“请问禅师，贵寺怎么用温水冲茶？”高僧微笑不语。年轻人只好端起杯子，咂了两口。“施主，这茶可香？”高僧问道。年轻人答道：“一点茶香也没有。”高僧说：“此茶乃是铁观音，怎么会没有茶香？施主不妨再饮。”年轻人再三品味，肯定地说：“真的没有一丝茶香。”

高僧再次吩咐小和尚：“烧一壶沸水送来。”不一会，沸水送到。高僧又取来一个杯子，放入茶叶，然后注入少许沸水。杯中茶叶上下沉浮，顿时便有一缕茶香飘来。年轻人伸手去端杯子，却听高僧说道：

“施主稍候。”高僧连续往杯中注水五次，杯子将满未满，一杯碧绿，满室生香。高僧笑道：“施主请用此茶。”年轻人端起杯子，浅咂慢饮，顿时唇齿生香，赞不绝口。

“施主可知道，为何同是铁观音但茶味迥异？”高僧问。年轻人答道：“应该是用水不同吧。”高僧一笑：“用温水冲茶，茶叶浮在水上，茶香就不会散逸。用沸水冲茶，茶叶上下浮沉，反复多次，自然就会释放出茶香。人生亦如茶道，必经沉浮，方可成大器。施主，请回吧！”

年轻人恍然大悟，拜辞高僧。

生命的果实

从前有一个农夫，他有一块贫瘠的农田，收成总是不好。农夫抱怨说：“如果苍天让我来控制天气，一切的事情都会变得更好，因为苍天不是很懂农耕。”

苍天听了他的抱怨后，对他说：“我会给你一年的时间让你控制天气。你想要什么样的天气，就可以有什么样的天气。”

这个可怜的人非常高兴，马上说：“我现在要晴天。”于是，太阳就出来了。后来他又说：“下雨吧。”接着就下起了雨。

这一整年，农夫就这样先让阳光出现，然后再下雨，庄稼越长越高。看着疯长的庄稼，农夫感到了说不出的快乐。他很得意地说：“现在苍天该了解如何控制天气了吧？这些庄稼从来没长这么高、这么绿。”

收获的季节到了，农夫带着镰刀去收割小麦，但是他的心一下子沉到了谷底，因为小麦的秆上什么都没有。这时，苍天问他：“你的庄稼怎样了？”农夫哭丧着脸说：“很惨。”

苍天不解地问：“你不是控制了天气吗？你想要的东西不是都变得很好吗？”

农夫说：“当然，这就是我困惑的地方，我得到了我想要的雨水与阳光，可还是没有收成。”

苍天严肃地说：“不错，你是要了阳光和雨水，但你从来没有要求风、暴雨、冰雪以及每一种会净化空气与让根更坚定、更有抵抗力的东西啊！这就是庄稼歉收的原因。”

农夫这才醒悟，只有经历挑战才可能有收获。只有当你拥有了好天气与坏天气、喜悦与痛苦、冬天与夏天、沮丧与快乐、不适与舒服，才可能有丰盈的生命。

抖落身上的“泥沙”

有一天，农夫的驴子不小心掉进一口枯井里。农夫绞尽脑汁想办法救出驴子，但几个小时过去了，驴子还在井里痛苦地哀号着。最后，这位农夫决定放弃，他想这头驴子年纪大了，不值得大费周章把它救出来，不过无论如何，这口井还是得填起来，免得害更多的人。于是农夫便请来左邻右舍帮忙一起将井中的驴子埋了，以免除它的痛苦。农夫的邻居们人手一把铁锹，开始将泥土铲进枯井中。当这头驴子了解到自己的处境时，刚开始哭得很凄惨。但出人意料的是，一会儿之后它就安静下来了。

农夫好奇地探头往井底一看，眼前的景象令他大吃一惊：当铲进井里的泥土落在驴子的背上时，驴子的反应令人称奇——它将泥土抖落在一旁，然后站到铲进的泥土堆上面！就这样，驴子将大家倒在它身上的泥土悉数抖落在井底，然后再站上去。很快地，这只驴子便得意地上升到井口，然后在众人惊讶的表情中快步地跑开了。

本来看似要活埋驴子的举动，由于驴子处理困境的态度积极，困境实际上却帮助了它。事实上，我们在生活中所遭遇的种种困难、挫折就是加在我们身上的“泥沙”；然而，换个角度看，它们也是一块块的垫脚石，只要我们锲而不舍地将它们抖落掉，然后站上去，那么即使掉落到最深的井底，也能安然地脱困。所以我们有理由相信，只要我们用积极乐观的心态对待困境，抖掉落在我们身上的“泥沙”，就没有爬不出的“枯井”，没有战胜不了的困难。

司马迁写《史记》

司马迁是汉武帝时期的一位史官。就是这位司马迁，撰写了中华“二十四史”之首的巨著——《史记》。这部《史记》影响了中国文化和社会生活，并且继续影响着现在的人们。

司马迁生于书香门第，自小勤奋博学，稍大时又广泛游历，继而继承了任太史令的父亲的衣钵，成了一名史官，可谓“春风得意”。

然而天有不测风云，司马迁因“李陵事件”触怒了汉武帝，被关进监狱。结果李陵家族全部处死，司马迁按律也要杀头。但念及他是“因言获罪”，可以网开一面。据汉朝的刑法，死刑有两种减免办法：一是拿五十万钱赎罪，二是受“腐刑”。司马迁官小家贫，当然拿不出这么多钱赎罪。然而腐刑既残酷地摧残人体和精神，也极大地侮辱人格。死，很容易；活着，会很难。到底是一死了之，还是苟且偷生？想到自己直言而受难，他应以死殉节；但想到父亲临终的嘱托，想到史官的伟大使命，他决定屈辱地活下来。在忍受了那份摧残和屈辱后，他获释了。后来，司马迁出任中书令，历时十几年，终于写成了彪炳千古的巨著《史记》。

司马迁用他的亲身经历告诉人们：一个人有了顽强的意志，就可以战胜一切看似可怕的困难，坚韧比什么都重要！坚持自己的目标，无论前面有多大的困难和挫折都要坚持不懈，化悲愤为力量。

罗曼·罗兰曾经说过：“生活就像耙犁，一方面割破了你的心，一方面掘出新的源泉，我要坚韧，就像珍珠贝一样，重塑自己的伤口，在伤口处磨炼出一颗灿烂的珍珠，闪闪发光，照耀自己的人生！”而司马迁就是坚韧精神的写照。

由盲童到诗人

明朝末年有个叫唐汝询的人，十分聪明，三岁就跟着哥哥读书，众人都认为他长大后一定会成为一个通今博古的读书人。然而，人有旦夕祸福，他五岁时生了一场病，性命是保住了，可是双目却失明了。

父母皆愁得说不出一句话。为了不让父母担心，哥哥们表示，等长大会照顾弟弟。

小汝询开始时很是伤心和悲观。过了一段时间，他的情绪逐渐稳定下来了。他想起以前听过的司马迁忍辱写《史记》、孙膑身残志坚的故事，慢慢想通了，就每天让哥哥们领着去书房，全神贯注地听他们读书，并记在心里。

开始时效果不错，可是时间一长就有些吃力了。看来，光靠死记硬背是不行的。“怎么办呢？”他苦思冥想也想不出好办法。后来，他从哥哥读太古人结绳记事的故事中受到启发，便决心来“结绳读书”。他在几根粗细不一的绳子上面打上各式各样的疙瘩，用来标记学习的内容。在没有人念给他听的时候，他就自己摸着绳结，高声朗读。后来他又想出个办法，用刀子在木板或竹竿上，刻出各种各样的刀痕当记号，用来记文章和诗歌，效果很不错。几年以后，他已经能写诗了。

唐汝询一面学习，一面创作，一生写下了上千首诗，出了好几部诗集，成为明代著名的诗人。对于一个双目失明的人来说，要取得这样的成就，需要多大的毅力呀！

唐汝询虽然双目失明，但他勤奋好学、坚韧不拔，他的这种拼搏精神值得大家学习。每个人在学习和生活中都会遇到各种困难，虽然这些困难会给大家带来痛苦，但我们不能被困难打倒，要积极地面对困难，拥有一颗战胜困难、追求成功的心，这样才会获得成功。

打不倒的谈迁

明末史学家谈迁自幼刻苦好学，立志要编写一部翔实可信的明史。但由于他家境贫寒，没有钱买书，只得四处借书抄写。有一次，为了抄一点史料，他竟带着干粮走了一百多里路。经过二十多年的奋斗，凡六次修改，谈迁终于在五十多岁时完成了一部四百多万字的明朝编年史——《国榷》。

可是，就在书稿即将付印前发生了一件意想不到的事情。一天夜里，小偷溜进他家，见家徒四壁，无物可偷，以为锁在竹箱里的《国榷》原稿是值钱的财物，就把整个竹箱偷走了。从此，这部珍贵的书稿下落不明。

二十多年的心血转眼之间化为乌有，这对于任何人来说都是致命的打击，更何况此时的谈迁已经是体弱多病的老人了。他茶饭不思，夜难安寝，只有两行热泪在不停流淌。很多人以为他再也站不起来了，但厄运并没有打垮谈迁，他很快从痛苦中挣脱出来，又回到了书桌旁，下决心从头撰写这部史书。

经过四年的努力，他完成了新书的初稿。为了使这部书更加完备、准确，59岁的谈迁携带着书稿，特地到了京城。在京城的那段时间，他四处寻访，广泛搜集前朝的逸闻，并亲自到郊外去考察历史的遗迹。他一袭破衫，终日奔波在扑面而来的风沙中。面对孤灯，他不顾年老体弱，奋笔疾书，他知道生命留给自己的时间已经不多。又经过了几年的奋斗，一部新的《国榷》诞生了。新写的《国榷》共108卷，428万多字，内容比原先的那部更加翔实、 精彩，是一部不可多得的明史巨著。谈迁也因此名垂青史。

无臂书法家

1978年，刘京生在一次检修工作时被高压电击伤，双臂高位截肢。身体的残缺使他已经无法胜任之前的工作，不久他被安排在工厂的图书馆做管理员。

他开始尝试着在生活中寻找自己的位置。想到了用嘴衔着笔写字。但一旦换成用嘴来控制钢笔，一切就没有想象中的那么简单了。钢笔的笔杆又直又圆，刘京生含在嘴里，总是还没写出一个字，钢笔就滑跑了。

“再难我也要写字！”为了能写字，刘京生不断地改良方法，经过几个月的刻苦练习，他终于可以用嘴在半小时内完成一篇500字的作文了！但此时不满足于现状的刘京生又有了新想法：既然我可以用嘴写字，那我能不能用脚写字呢？

于是，要强的刘京生又开始尝试用脚写字。最初钢笔在他的脚上根本不听使唤，稿纸被钢笔画得乱七八糟。看着一沓沓新稿纸被“糟蹋”，刘京生也有些心疼了。可执着的刘京生就是不服气，既然脚和手都长了十根，为什么手可以写字而脚就不行呢？一天，一个偶然的机会，刘京生发现，用脚写大字似乎比写小字要方便得多，字写得越大，就越成形。

“我那时候写的大字一个有脚丫子那么大，”刘京生乐呵呵地伸出脚比画着，“大字熟练了，我再慢慢地改小，最后我也可以用脚写出正常人的钢笔字了！”

能够用脚正常写字后，刘京生打算出一本诗集。在别人眼里似乎不可能的事情，刘京生说干就干。2006年刘京生的诗集《心路撷英》终于正式出版了。书法、诗歌双丰收的刘京生面对接踵而至的荣誉倒是异常平静，他脸上露出欣慰的目光：“我的努力终于证明挫折并不可怕，敢想敢干就一定能成功！”

路，在脚下延伸

张海迪的童年本应是幸福的，可是，命运却无情地向她挑战：五岁时突然患了脊髓血管瘤，到十岁就已经做了三次大手术，活泼好动的张海迪瘫痪了。

每天，她只能静静地躺在床上，憧憬着外面的世界。她不能去上学，却一直坚持在病床上学习。可是在第三次手术之后，她连脖子也不能动了。她不甘心就这么躺着浪费时间，联想起小时候用小镜子看街上小朋友上学的情景，便决心用小镜子看书。可是镜子里的字是反的，一页书要看好半天，时间一长，她便觉得镜子里的字变成了黑乎乎的一片，什么也看不清了。但她只是稍稍闭一会儿眼，再重新看下去。

靠着“镜子书”，她学完了中学的全部课程，还学会了针灸，学会了看病。

后来，张海迪在医院工作时，一位老同志请她帮忙看一份英文写的药品说明书。这下可把她难住了，于是她下定决心要尽快掌握英文。她托人买来英语教材，从字母开始学起，为了多念多记，她在墙上、桌上、凳子上、胳膊上、镜子上都贴上英语单词纸条，有空儿就背。在老师的热心指导下，她的英语水平提高得很快。不久，海迪就能看懂英文书了。

她开始翻译一部长篇英文小说《海边诊所》。当时正值盛夏，室内温度高达39℃，意志坚强的张海迪把自己关在10平方米的小屋里，一句一行地翻译着、校对着。汗水不停地流下来，她怕浸湿稿纸，就在两肘下垫上干毛巾；毛巾湿了，她赶紧换一块，继续翻译……

当张海迪捧着厚厚的译稿来到出版社时，连五十多岁的老编辑也激动得流出眼泪来。这位老编辑亲自为这本书写了一篇序言，题目是“路，在一个瘫痪姑娘的脚下延伸”……

张海迪的故事启迪我们：要敢于直面困难，具备坚忍不拔的毅力和百折不挠的精神，同时要珍爱生命，用乐观豁达的态度生活。

无声的美

邰丽华生于一个普通家庭，两岁时的一场高烧使她不幸堕入了无声世界。

在她刚刚踏进聋哑学校校门的时候，最打动她的是律动课。从此，她爱上了舞蹈，爱得痴狂。

后来，邰丽华在残联的帮助下，进行了正规的舞蹈训练。到15岁时，邰丽华已经有近10年的业余舞蹈经历。武汉歌舞团一位姓赵的老师在看到她是个可造之才的同时，又觉得无法有效地进行交流势必成为训练过程中最大的障碍，因此想先观察一下再说。在武汉歌舞团的排练厅里，赵老师考验这个新学生的第一支舞就是《雀之灵》。叉腿不到位，提腿不准确，手位不协调——在赵老师看来，她关于舞蹈的一切似乎都不能令人满意。此后的半个月，邰丽华将自己变成了一只旋转的陀螺，24小时中除了吃饭和睡觉，其他时间都是在练习舞蹈。唯一的方法就是记忆、重复、再记忆、再重复。重复到最后的时候，她的心里已经有了一支永远随时为她响起的乐队。

凭借良好的天赋和超常的努力，

邰丽华很快脱颖而出，获得越来越多的荣誉。2005年2月23日，邰丽华应邀在春节联欢晚会上表演舞蹈《千手观音》。晚会结束后，胡锦涛同志特意接见邰丽华，对她说：“你的舞蹈不但表达了艺术美，而且表达了心灵美，更表达了你不服输的魅力美，祝贺你演出成功。也祝贺你和你的伙伴们在春节晚会上的成功演出。希望今后在更多的舞台上看到你的身影。”

在无声的世界里，邰丽华用自强谱写出生命的华章。

人生的榜样

洪战辉，1982年出生于河南省周口市西华县东夏镇洪庄村。

1994年，洪战辉的父亲突然发疯，殴打自己的妻子。1岁的女儿被他摔在了地上，送到医院时已经没气了。此时的洪战辉，还不满12岁。疯癫的父亲不知从哪儿捡回一个被遗弃的女婴，洪战辉为她取名趁趁。1995年8月21日，母亲离家出走。家庭的重担全压在了洪战辉一人身上。

似乎一夜之间，13岁的洪战辉便突然长大了。他用稚嫩的肩膀开始接过全家生活的重担：抚养幼小的趁趁，伺候病情不稳定的父亲，照顾年幼的弟弟，寻找出走的母亲。这一晃，就是三年。

1997年7月，洪战辉考上了河南重点高中西华一中。为了挣钱读书和养家，洪战辉暑假里拼命打工挣钱，一个暑假挣了700多元。9月1日，洪战辉终于在自己的努力下按时到西华一中报到了。在学校安定下来后，他从家里把小趁趁接到了身边，每天奔波在学校与住处之间。生活的艰难迫使他一度辍学。高二时，洪战辉含泪告别了校园，回到家乡后拼命挣钱养家。到2000年的时候，小趁趁已经6岁了，父亲的病情也控制下来，洪战辉渴望再次回到校园读书。“我不能倒下，我要考上大学，改变自己的命运！”

2003年6月，洪战辉终于迈进了高考考场。高考成绩公布后，洪战辉被湖南怀化学院录取。

后来，他一边打工，一边带着妹妹上大学，还让她重新回到了学校。虽然生活异常拮据，但他始终不向命运低头。

社会各界和学院师生纷纷为他捐款，但都被他拒绝了。“不接受捐款，是因为我觉得一个人自立、自强才是最重要的。我现在已经具备生存和发展的能力，这个社会上还有很多处于艰难中无力挣扎出来的人们，他们才是我们现在需要帮助的。”

洪战辉的事迹感动了很多人。2005年，他被评为“感动中国十大人物”。

双手登五岳

他出生在山东苍山的一个偏远山村。

6岁，父母离异。

8岁，流浪四方。

13岁，因意外失去双腿，他说："能活下来，真是一种幸福。"

18岁时，他突然明白，要学点本事养活自己，不能当一辈子乞丐。于是，他艰难地学会了用双手走路，卖报纸、擦皮鞋、收破烂……他干了很多职业，却一定不再要饭。他说："站起来不是一种行走方式，而是一种人生态度。"

后来，他成了一名流浪歌手。不识字、不懂乐谱、不懂乐理，他就靠着死记硬背，成了一名出色的流浪歌手。如今，他已经走过了全国700多个城市。他说，这是世界上最幸福的职业，因为他可以游遍祖国的大好山河。

他喜欢登山，喜欢"山高我为峰"的感觉。从18岁开始，他已经登上了全国90多座高山，光泰山就登了13次。2012年，他靠双手登上了海拔总和8498米的中国五岳，成为全球"双手登五岳"第一人。

2008年他在山东建筑大学为一所希望小学募捐义演的时候，一位志愿者说，他是世界上最高大的人。汶川地震发生后，他骑着三轮车，行驶了8天8夜赶到地震灾区，为灾区义演37场，捐了自己仅有的3.5万元存款。从2003年至今，他已经为希望小学、网瘾少年进行励志演讲、演唱

100多场，捐出善款50多万元。

2013年8月，他登上了“超级演说家”的舞台，他的演讲震撼了所有观众。林志颖、鲁豫、李咏和他拥抱，乐嘉更是激动地跪地和他拥抱。

他叫陈州。

他曾说，他只是用最真实的感情，讲述自己最真实的经历，希望自己的故事，能帮助更多的中国人找回遗失的梦想。他是最出色的演讲家，因为没有任何一个演讲家的豪迈之词能比他的真实经历更打动人。

身体缺陷对个人来说不是一件好事，但是只要勇敢地去面对它，以此作为自己前进的动力，缺陷也就变为一项资本了。

赢在人生的转折点

许道宝，1985年出生于聊城市许庙村一个普通的农村家庭。14岁之前学习成绩一般，他对学习并无多大兴趣，1999年中考之前辍学。离校后，他在一个家庭小作坊工作。厂房里整天充斥着砂轮与弹簧摩擦所迸射出的火星，作业期间乌黑的砂轮碎屑与金属粉末四处横飞，一天下来，整个人黑黢黢的。

打工多年的哥哥已真切感受到在社会上没有知识寸步难行，见到弟弟每天下班后的惨状，更加坚定地意识到在当今社会没有知识是多么可怕。哥哥主动与家人商量，趁弟弟年龄小应该让他继续回学校读书。因此，在家人的鼓励下，许道宝开启了初三复读的生活之路。这也成为他人生的转折点。

经历了几个月的辛苦工作，他懂得了生活的不易。重返校园之后，他痛下决心：学习就是当下唯一的任务，别人能做到的事情自己肯定也能做到！他上课专心致志，不懂的内容通过反向补习所需的基础知识；不会的题目向老师请教，学习老师的解题思路，做到举一反三，最后将教材中的知识点在头脑中进行逻辑归类、有机整合。功夫不负有心人，中考时他以优异的成绩考入聊城二中。

踏入高中，是一个全新的开始，大家都处于同一起跑线上。许道宝暗下决心，一定要像初三复读那样，心无旁骛地学习。上课他跟着老师的思路走，及时回顾所学知识并在头脑中进行有机整合。三年间，他的名次始终保持年级前列。最终，许道宝高考时以全校第一名的优异成绩考入西安交通大学。2007年，他又被保送攻读博士学位。2013年毕业后，他在南京一家研究所从事雷达信号处理系统的研发工作。

非淡泊无以明志，非宁静无以致远。每个人的人生中总有一段弯路，心中有了方向才不会一路跌跌撞撞，你唯一能把握的就是变成更好的自己。将来的你，一定会感谢现在拼搏的自己！

只有坚持，才有希望

1961年5月，支月英出生于南昌市进贤县，1980年大学毕业后返回老家进贤县当了一名小学老师。同学蔡江宁写信告诉支月英：“澡下林场子弟学校招考5名老师，不知你是否愿来试一下？”她不顾家人反对，选择了走进深山，只身挑着被褥行李，来到海拔近千米，离家两百多公里、离乡镇45公里的山旮旯——奉新县澡下镇泥洋村小学，做起了山村教师。

为了生存，支月英像当地人一样，自己动手种菜。对于支月英来说，更大的困难是学校位于山里，都是山路，更谈不上公共交通了。每逢开学，孩子们的课本、粉笔等都由支月英和其他几位同事步行10多公里的山路肩挑手提运上山。一天又一天，一年又一年，支月英一个人一直在这里坚守着。

2005年“泰利”风暴袭击支月英所在的山区时，支月英带病护送学生回家，一不小心从陡坡上滑下，掉进了山谷。可支月英不顾浑身是泥、手脚鲜血直流，一边安慰着学生一边爬上小路，继续送他们回家。

2006年，常常头晕目眩的她经医生检查，患有高血压，严重影响视力，工作生活只能靠一只眼睛来维持。

支月英说：“很多人说我傻，我觉得他们说的也有道理。因为在行动上，像我这样的人放弃城市到贫困不方便的山沟里的人太少了。我就是一个基层的很普通的老师，我只想做好我自己。”

如今，支月英已年过半百，仍然初心不改。她微笑着说：“我是大山的女儿，困难算什么，只要身体允许，我就一直教下去。”

支教的路途崎岖艰难，但是支月英坚信：只有坚守，才有希望。

成功在190次失败之后

2015年10月，一个振奋人心的消息传来，因发现青蒿素治疗疟疾的新疗法，中科院院士屠呦呦荣获诺贝尔生理学或医学奖，她也是第一

位获得诺贝尔科学奖项的中国本土科学家、第一位获得诺贝尔生理学或医学奖的华人科学家。她将中医中药推向了世界，她将民族的变成了世界的。

1967年5月23日，中国政府启动“523项目”，旨在找到克服抗药性的新型抗疟药物。科研人员筛选了4万多种抗疟疾的化合物和中草药，但没有找到令人满意的结果。

1969年1月，年轻的实习研究员屠呦呦，以组长的身份加入该项目。要在设施简陋和信息渠道不畅的条件下，短时间内对几千种中草药进行筛选，其难度无异于大海捞针。屠呦呦从整理历代医籍开始，四处走访老中医，做了2000多张资料卡片，经过对200多种中药的380多个提取物的细致筛选，最后将焦点锁定在青蒿上。

可在最初的动物实验中，青蒿的效果并不出彩，屠呦呦的寻找也一度陷入僵局。这个解决问题的转折点，是在经历了第190次失败之后才出现的。后来，受一部医典中“青蒿一握，以水二升渍，绞取汁，尽服之”的启发，屠呦呦改用沸点较低的乙醚提取青蒿素。终于，在1971年10月4日，屠呦呦课题组在第191次低沸点实验中发现了抗疟效果为100%的青蒿提取物，由此打开了成功之门。但屠呦呦并未就此止步，而是继续向科学的高峰攀登。

1992年，针对青蒿素成本高、对疟疾难以根治等缺点，屠呦呦又发明出双氢青蒿素这一抗疟疗效为前者10倍的“升级版”。为了获证青蒿素对人体疟疾的疗效，屠呦呦等人甚至勇敢地在自己身上首先进行实验。在当时没有关于药物安全性和临床效果评估程序的情况下，这是用中草药治疗疟疾获得验证的唯一办法。庆幸的是，她最终成功了。

屠呦呦用百折不挠的毅力、默默奉献的信念、不断创新的精神，粉碎了国内外学者专家对中医中药的攻击，奠定了中医中药在世界医学领域的地位。

受了挫折的阳光

雨后的广场上，妈妈推着轮椅上的女儿在散步。女儿指着天边，兴奋地叫着："妈妈，你看，彩虹！"

"美吗？"妈妈充满慈爱地问。

"美。"小女孩回答。

妈妈接着问道："宝贝，你知道吗？彩虹其实就是阳光啊！"

小女孩大惑不解地问："是吗？那我们平时见到的阳光，怎么没有这么美呢？""那是因为在雨后，空气中留存的雨雾把阳光折射了，被折射的阳光就生成了这绚烂的七彩光芒。"妈妈加重了语气，一字一顿地说，"宝贝，阳光的折射，就像人生的挫折，折射使阳光美丽起来，挫折也会使人生美丽起来。"

小女孩望着妈妈无比坚定的面庞，用手抚摸着自己的腿，若有所思地回答说："妈妈，我知道了，彩虹就是受了挫折的阳光。"

这个小女孩腿部有残疾，小小年纪就过早地承受了生活的磨难，真的是太不幸了。但故事中的这位令人佩服的妈妈，面对困境，却没有抑郁消沉，没有怨天尤人，她不失时机地鼓励女儿勇于面对挫折，告诉女儿挫折会使人生美丽起来。

让我们也告诉自己吧，彩虹就是受了挫折的阳光，挫折孕育了美、造就了美，在人生的道路上，勇敢地面对挫折，并为挫折而欢呼吧！

中国女排的华丽逆袭

2016年8月21日，巴西里约奥运会女排决赛中，中国女排在先输一局的情况下，连扳三局，以3：1逆转战胜塞尔维亚，时隔12年再度荣膺奥运冠军。回顾中国女排本届奥运会的夺冠之路，让我们再一次感受到了永不言弃的力量。

其实，中国女排在本届奥运会小组赛中的发挥并不尽如人意。小组赛第一轮，在2：1领先的情况下，被荷兰以3：2翻盘，初战受挫。小组赛五轮战罢，中国队2胜3负以小组第四名战绩勉强晋级八强，不得不在接下来的淘汰赛中面对A组头名、卫冕冠军、东道主巴西队。在四分之一决赛中，在几乎不被所有人看好的情况下，中国女排爆发了，最终以3：2击败巴西队，杀入四强。接下来，中国队越战越勇，并最终夺冠。这样的逆袭连外媒也惊呼：中国女排的姑娘们简直是个谜！

中国女排的华丽逆袭，再次向我们展示了团结、拼搏、坚持、努力以及永不言弃的奋斗精神。主教练郎平说："中国女排精神不是赢得冠军，而是有时候知道不会赢，也竭尽全力！向中国女排致敬！"

最有力量的演说家

富兰克林·德拉诺·罗斯福，是美国历史上唯一连任超过两届（连任四届，病逝于第四届任期中）的总统，也是美国迄今为止在任时间最长的总统。

但是，这位政治家并非"生来如此"。罗斯福小时候龅牙，脆弱胆小，在学校课堂里总显露出一种惊惧的表情。他呼吸就好像喘大气一样，如果被喊起来背诵，立即会双腿发抖，嘴唇也颤动不已，回答问题含含糊糊，吞吞吐吐，然后颓然地坐下来。由于牙齿的暴露，难堪的境地使他更没有一个好的面貌。

像他这样一个小孩，自我的感觉一定很敏感，常会回避同学间的任何活动，不喜欢交朋友，成为一个只知自怜的人。然而，罗斯福虽然有缺陷，但他却有着奋斗的精神——一种任何人都可具有的奋斗精神。事实上，缺陷促使他更加努力奋斗，他没有因为同学对他的嘲笑而减弱勇气，他喘气的习惯变成了一种坚定的嘶声，他用坚强的意志咬紧牙床使嘴唇不颤动而克服内心的惧怕。

没有一个人能比罗斯福更了解自己，他清楚自己身体上的种种缺陷。他从来不欺骗自己，认为自己是勇敢、强壮或好看的，而是用行动来证明自己可以克服先天的障碍而取得成功。

他努力地练习演讲，凡是他能克服的缺点他便克服，不能克服的他便加以利用。通过演讲，他学会了如何利用一种假声，掩饰他那无人不知的龅牙以及他那打桩工人的姿态。虽然他的演讲中并不具有任何惊人之处，但他不因自己的声音和姿态而遭失败。他也不像有些人那样具有惊人的辞令，然而在当时，他却是最有力量的演说家之一。

苦难可以造就一个人，当然也可以压垮一个人。关键在于处于苦难中的人如何面对他所面临和忍受着的苦难。罗斯福没有在缺陷面前退缩和消沉，而是充分、全面地认识自己，在意识到自我缺陷的同时，能正确地评价自己，在顽强之中抗争。

他说："关于我一生经历的各种战役，人们谈论很多。其实，最艰难的一场战役只有我一个人知道，那就是战胜自己的战役。"

灾难自有它的价值

1914年12月的一天，大发明家托马斯·爱迪生的实验室突发火灾。由于火势凶猛，人们只能眼睁睁地看着爱迪生的毕生心血化为灰烬。

这一年，爱迪生已经67岁。他的儿子查尔斯担心父亲伤心过度，在浓烟和废墟中疯了似的寻找爱迪生。最后，他意外地发现，爱迪生居然挤在人群中观看大火，表情异常平静，好像大火烧的是别人的实验室。儿子气喘吁吁地对他说："实验室就快烧光了，该怎么办呢？"

爱迪生的回答却匪夷所思："查尔斯，你来得正好，你母亲去哪儿了？快去把她找来，让她也看看，这样的大火真是一辈子难得一见！"

第二天早晨，邻居们都来安慰爱迪生，爱迪生却站在废墟上说："不必为我难过，灾难自有它的价值！感谢上帝，让大火烧掉了我们以前所有的错误，这下我们又可以从头再来了。"火灾刚刚过去三个星期，爱迪生就推出了他的最新发明——留声机。

"灾难自有它的价值！"说得多好！既然人生的挫折无可避免，那么我们又何必总是活在挫折的阴影中，却无视眼前的阳光呢？与其终日怨叹、哀哀自怜，倒不如放下挫折，继续前行。也许只要一步，就能找到阳光，重新开始。

面对失败，遭遇不公，很多人都会在叹息中蹉跎。“不如意事常八九”，失败是人生中的常事，谁都不可能是常胜将军。但是乌云终究遮不住太阳，是真金就不怕火来炼！面对一时的失意，我们不要气馁，更不要一蹶不振，只要还有勇气，还敢追求，胜利终究会属于你。天不助你，地不助你，与其顾影自怜，不如奋起自助。记住：海到无边天作岸，山登绝顶我为峰！

一位超越苦难的奔跑者

葛林·康宁汉是美国著名长跑运动员，出生于堪萨斯州。1974年进入美国田径名人堂。作为一名运动员，他获得了纽约大学博士学位。而小时候的他却是不幸的，但他却靠坚强的意志创造了奇迹。

在他读小学时，学校由于设备不足，只能利用老式的烧煤锅炉来取暖。葛林每天提早来到学校，将锅炉打开。但有一天发生了意外，他的下半身被严重灼伤，整个人完全失去了意识，只剩下一口气。人们急忙把他送到医院，医生对他妈妈说：“这孩子的下半身被火烧得太厉害了，能活下去的希望实在很渺茫。”但这勇敢的小男孩不愿这样就被死神带走，他下定决心要活下去。

“其实保住性命对于这孩子而言不一定是好事。他的下半身遭到严重伤害，就算活下去，下半辈子也注定是个残废。”人们纷纷议论着。

面对巨大的痛苦和悲伤的父母，他没有哭泣，反而大声宣告："我一定要站起来！"

出院之后，妈妈每天为他按摩双脚，但仍没有任何好转的迹象。即便如此，他要走路的决心也未曾动摇。有一天，妈妈推着轮椅上的他到院子里呼吸新鲜空气，他望着灿烂阳光照耀的草地，心中突然有了一个想法。他奋力将身体移开轮椅，然后拖着无力的双脚在草地上匍匐前进。一步一步，他终于爬到篱笆墙边，费尽全身力气，努力地扶着篱笆站了起来。以后他每天如此，反复练习，直到篱笆墙边出现了一条小路。他的心中只有一个目标：努力锻炼双脚。苍天不负有心人，他终于可以走路，甚至能跑步。到大学时，他靠自己的能力被选入田径队。

一个原本此生无法再走路的人，用自己坚强的意志，跑出了全世界最好的成绩。葛林·康宁汉博士，一位超越苦难的奔跑者。

坚强的意志可以创造奇迹。对于一个遭遇不幸的人，首先要战胜的就是心理的阴影，这个过程是艰难的。而这种艰难往往是人为制造的，一方面来自自身的自卑和沮丧，另一方面则来自滥施同情或者心术不正的人们。但是不幸的人一旦战胜这一切，就会成为一个比平常人更加坚定的强者。

把苦难夹在面包里

1930年3月，美国田纳西州的一个街道上，一个中年人，正挣扎在饥饿的边缘。

之前，他曾是一位出色的售货员，而今他一贫如洗，他曾经想着去找那些自己帮助过的人，但没人会接受贫穷。正当他走投无路时，他发现一家小餐厅要招收厨师，但薪水低得可怜，在饥寒交迫面前，他只能接受，开始了一种新的生活。

他的任务是烹制鸡块，只要按照人家的配料把鸡块扔进锅里煮，然后把它捞出来，就这么简单。

几个流程下来，他觉得按这种方法制作成的鸡块，没有一点香味，这直接导致了餐厅生意的惨淡。他找到了老板，老板告诉他："你的职责是制作鸡块，祖传秘方错不了。"

他的好意换来了一顿谩骂，但一种钻研的思想还是使他留了下来。在工作中，他利用别人休息的时间到厨房里钻研。

一天，他无意中将一块鸡块掉进了正在加热的油里，但老板说过油是不能够随便浪费的，他就赶紧捞出了鸡块，觉得扔了可惜，便将它放进嘴里。奇迹出现了，这块无意中炸出的鸡块香辣可口，他觉得成功在向自己招手。

经过无数次的研制，1932年6月，在离田纳西州不远的肯塔基州，他推出了一种新型食品——炸鸡。这种食品适应了人们快节奏、高效率的生活方式，声誉很快传遍了整个肯塔基州。为了扩大经营，他又将人人喜欢吃的面包和炸鸡融合在一起，真可谓一箭双雕。没错，它就是肯德基。

现在，肯德基已经遍布全球80多个国家，拥有超过9600家连锁店。在这个地球上，几乎每天都有一家肯德基店开张。

这位中年人，就是肯德基的创始人桑德斯上校。说起成功，他只说了一句话："我相信苦难，因为苦难是一种人人敬而远之的味道，但我喜欢将它夹在面包里慢慢品尝。"

每个人的一生中都会遇到或多或少的苦难，而这些苦难却是人生中一笔巨大的财富，就在于你如何对待。

被拒绝1855次之后

史泰龙是一位世界级电影巨星，可他年轻时的人生经历让人心酸，更能给人启迪。

他20岁那年，认准了当演员这条路，并在好莱坞寻找一切可能使他成为演员的人。一晃两年过去了，他遭到了1000多次的拒绝，身上的钱也都花光了，于是他便在好莱坞打工，做些粗重的零活以养活自己。

为了能当演员，他开始写起剧本来。一年后，剧本写出来了，他又拿着剧本四处遍访导演。“剧本不错，但当男主角，简直是天大的玩笑！”他又遭受了一次次的拒绝。“不，我一定能够成功！”一次次失望后，一个个的希望又支撑着他！

“我不知道你能否演好，但你的精神一次次地感动着我。我可以给你一次机会，先拍一集电视连续剧，让你当男主角。如果效果不好，你就从此断绝这个念头！”在他遭遇1855次拒绝后的一天，一个曾拒绝过他20多次的导演终于给了他一丝希望。

三年多的准备，终于可以一展身手，史泰龙丝毫不敢懈怠，全身心地投入，精湛的演技获得了大家的认可。电视剧第一集《洛奇》创下了当时全美最高收视纪录——史泰龙成功了！

每个人都有巨大的潜力，因此，当你遇到挫折时要坚持，充分挖掘自己的潜力，才能使自己离成功越来越近。

一名几乎被淘汰的球星

从前，有一名高中生非常喜欢打篮球，但在学校的篮球队里，他的球技却远远不如别人。助理教练很不看好他，经常批评他，甚至有几次还想淘汰他，另外选人。幸好，这支球队的主教练认为他有潜力，坚持让他留在队里，并且让他随队观看比赛，任务是为队员们抱衣服。在他情绪低落的时候，主教练耐心地引导他，让他好好练球，并鼓励他说："你很有天分，我相信你！"在主教练的激励下，这个孩子坚定了信心，每天起早贪黑地加紧练习，球技突飞猛进。

一年以后，他当上了学校篮球队主力，他在篮球上过人的才华也终于得以展现。再后来，他成了美国篮坛上一颗光芒四射的巨星，他就是家喻户晓的迈克尔·乔丹。

飞人乔丹说："在我的职业生涯中，我投失了9000多个球，输掉了300多场比赛，26次投丢被委以重任的绝杀一球。在职业生涯中，我一次又一次地失败，但是我一次又一次地坚持，而这正是我成功的原因所在。"

记得有人将人生比作爆竹，仔细想想确有几分道理。我们都知道，引信短的爆竹能在瞬间炸响，引信长的爆竹则需要耐心等待——人生也是如此。

在人生的道路上，有的人一开始就锋芒毕露，让人一下子就感受到他的优秀，而有的人则像故事中提到的迈克尔·乔丹一样，需要经过一番磨砺，需要假以时日方成大器。

所以，当我们还没有成功的时候，千万不要怀疑自己的能力，更不要丧失信心，而要告诉自己，我们也像迈克尔·乔丹当初一样，正走在通向成功的路上，一定要坚持下去。

心态篇

莫听穿林打叶声，
何妨吟啸且徐行。
竹杖芒鞋轻胜马，
谁怕？一蓑烟雨任平生。

——[宋]苏轼

霍金曾说："不论命运有多糟，你依然可以有所作为，有所成就，生命尚存，就有所希望。"

有的人本来很烦恼，看起来却很幸福；有的人本来很幸福，看起来却很烦恼。其实当你仰望和羡慕别人时，一回头却发现自己正被别人仰望和羡慕着。

我们不能延长生命的长度，但可以用良好的心态扩展生命的宽度；我们不能改变天气，但可以左右自己的心情；我们不能控制环境，但可以调整自己的心态。

老方丈倒茶

古时候，有一个佛学造诣很深的人，听说某名山一座寺庙里有位德高望重的老方丈，便去拜访。

到了寺里以后，老禅师的徒弟接待了他，他很是不高兴，心想：我是佛学造诣很深的人，也算小有名气，方丈却派个小沙弥来接待，太看不起我了吧？后来，老方丈出来了。他对方丈也是表现得十分不满，态度傲慢，结果老方丈还是非常恭敬地亲自为他沏茶。但在倒水时，明明茶杯已经满了，老方丈还不停地倒。

他不解地问："大师，为什么杯子已经满了，还要往里倒？"大师说："是啊，既然已满了，干吗还倒呢？"老方丈的意思是，既然你已经很有学问了，干吗还要到我这里求教？

这就是"空杯心态"的起源。做事的前提是先要有好心态。如果想学到更多学问，学习好的经验，就先要把自己想象成"一个空着的杯子"，而不是骄傲自满。"空杯心态"并不是完全地否定过去，而是要怀着否定或者说放空过去的一种态度，去融入新的工作环境，适应新的事物，以适应行业跨越式发展的需要。

"空杯心态"即归零心态，不论你以前何等出类拔萃，多么富有经验，取得过多么卓越的成就，当你想学新东西或步入新行业时，必须把这一切都放在一边，心态归零，从头学起，才能有较大的收获。

聋子青蛙

从前，有一群青蛙组织了一场攀爬比赛，比赛的终点是一个非常高的铁塔的塔顶。

一大群青蛙围着铁塔看比赛，给它们加油。

比赛开始了。老实说，群蛙中没有谁相信这些小小的青蛙会到达塔顶，他们都在议论："这太难了！他们肯定到不了塔顶！""他们绝不可能成功的，塔太高了。"听到这些，一只接一只的青蛙开始泄气了，只有几只情绪高涨的还在往上爬。群蛙继续喊着："这太难了！没有谁能爬上顶的！"越来越多的青蛙累坏了，退出了比赛。有一只却还在越爬越高，一点没有放弃的意思。

最后，其他所有的青蛙都退出了比赛，除了这一只。它费了很大的劲，终于成为唯一一只到达塔顶的胜利者。

自然，其他所有的青蛙都想知道它是怎么成功的。有一只青蛙跑上前去问那只胜利者："你哪来那么大的力气爬完全程？"没有任何回答。它愕然发现，这位胜利者竟是个聋子！

成功的路上并不拥挤，只是坚持的人少。

记住你听到的充满力量的话语，因为所有你听到的或读到的话语都会影响你的行为。所以，总是要保持积极、乐观！

但是，最重要的是，当有人告诉你，你的梦想不可能成真时，你要变成"聋子"，对此充耳不闻！要总是想着：我一定能做到！

永远不要听信那些习惯消极悲观看问题的人，因为他们只会粉碎你内心最美好的梦想与希望！

老木匠

有个老木匠准备退休，他告诉老板，说要离开建筑行业，回家与妻子儿女享受天伦之乐。

老板舍不得他的好工人走，问他能否帮忙再建一座房子，老木匠很不情愿地答应了。但是大家后来都看得出来，他的心已不在工作上，他用的是粗料，出的是粗活。房子建好的时候，老板把大门的钥匙递给他：“这是你的房子——我送给你的礼物。”他震惊得目瞪口呆，羞愧得无地自容。如果他早知道是在给自己建房子，他怎么会这样呢？现在他得住在一座粗制滥造的房子里！

我们很多人又何尝不是这样？我们漫不经心地“建造”自己的生活，不是积极行动，而是消极应付，凡事不肯精益求精，在关键时刻不能尽最大努力。等我们惊觉自己的处境时，早已深困在自己建造的“房子”里了。

把自己当成那个木匠吧，想想你的房子，每天你敲进去一颗钉，加上去一块板，或者竖起一面墙，都用你的智慧好好建造吧！你的生活是你一生唯一的创造，不能抹平重建，即使只有一天可活，那一天也要活得优雅、高贵。

生活是自己创造的。我们的心态以及我们今天所做的选择，都将决定我们明天的生活。因此，盖自己的“房子”时一定要用心啊！

跳河的兔子

兔子的胆小是出了名的，受到的惊吓总是像石头一样压在它们的心上。

有一次，众多兔子凑集在一起，为自己的胆小无能而难过，悲叹自己的生活中充满了危险和胆怯。

它们越谈越伤心，似乎已经有很多不幸降临在自己身上，而这也就是它们之所以成为兔子的起因。到了这种田地，负面的想象便无止境地涌现出来。它们怨叹自己天生可怜，既没有力量和翅膀，也没有锋利的牙齿，只能在东躲西怕中度日，就连想要摈弃所有大睡一觉，也有什么都听得见的长耳朵的阻扰，赤红的眼睛也就变得更加鲜红了。

它们认为自己的这种生活是毫无意义的，这又成了它们自我讨厌的本源。它们都觉得，与其终生心惊胆战，还不如一死了之。

于是，它们一致决定从山崖上跳下去了结自己的性命，停止一切烦恼。就这样决议了，于是它们一齐奔向山崖，想要投河自尽。这时，一些青蛙正围在河边蹲着，听到急促的脚步声，如临大敌，立刻跳到深水里逃命去了。

这是兔子每次到池塘边都会看到的情景。但是今天，有一只兔子突然明白了什么，它大声地说：“快停下来，我们不必吓得去寻死觅活了，因为我们现在可以看见，还有比我们更胆小的动物呢！”

这么一说，兔子们的心情豁然开朗起来了，好像有一股勇气喷涌而出，于是它们欢欣鼓舞地回家去了。

不要因为我们现在的遭遇就埋怨命运的不公，实际上，世界上还有很多比我们更不幸的人。想想那些更不幸的人仍旧坚强地活着，我们又为什么不能呢？

烦恼缠身的人

一个人被烦恼缠身，于是四处寻找解脱烦恼的秘诀。

有一天，他来到一个山脚下，看见在一片绿草丛中有一位牧童骑在牛背上，吹着悠扬的横笛，逍遥自在。他走上前去问道：“你看起来很快活，能教给我解脱烦恼的方法吗？”

牧童说：“骑在牛背上，笛子一吹，什么烦恼也没有了。”他试了试，却无济于事。于是，又开始继续寻找。

不久，他来到一个山洞里，看见有一个老人独坐在洞中，面带满足的微笑。

他深深鞠了一个躬，向老人说明来意。老人问道：“这么说你是来寻求解脱的？”

他说：“是的！恳请不吝赐教。”

老人笑着问：“有谁捆住你了吗？”

“……没有。”

“既然没有人捆住你，何谈解脱呢？”

他蓦然醒悟。

由于我们的心态没有调整好，烦恼也就一个跟着一个而来。实际上，大多数烦恼都是无中生有的。把心态调整好，问题会变得很简单，烦恼也便烟消云散。

自我囚禁的章鱼

一只章鱼的体重可以达70磅。但是，如此庞大的家伙，身体却非常柔软，柔软到几乎可以将自己塞进任何想去的地方。

章鱼没有脊椎，这使它可以穿过一个银币大小的洞。它们最喜欢做的事情，就是将自己的身体塞进海螺壳里躲起来，等到鱼虾走近，就咬断它们的头部，注入毒液，使其麻痹而死，然后美餐一顿。对于海洋中的其他生物来说，章鱼可以被称得上是最可怕的动物之一。

但是，人类却有办法制服它。渔民掌握了章鱼的天性，他们将小瓶子用绳子串在一起沉入海底。章鱼一看见小瓶子，都争先恐后地往里钻，不论瓶子有多么小、多么窄。

结果，这些在海洋里无往不胜的章鱼，成了瓶子里的囚徒，变成了渔民的猎物，变成人类餐桌上的美餐。是什么囚禁了章鱼？是瓶子吗？不，瓶子放在海里，不会走路，更不会去主动捕捉。囚禁章鱼的是它们自己。它们向着最狭窄的路越走越远，不管那是一条多么黑暗的路，即使那条路是死胡同。

我们常常会碰到许多羁绊和约束，有时会束手无策。殊不知，囚禁我们的不是别人，而是自己，是自己不健康的心态和偏激的态度。

你是别人的一棵树

有一个人一生碌碌无为，穷困潦倒。一天夜里，他实在没有活下去的勇气了，就来到一处悬崖边，准备跳崖自尽。自尽前，他号啕大哭，细数自己遭遇的种种失败挫折。崖边岩石上生有一株低矮的树，听到这个人的种种经历，也不觉流下眼泪。这人见树流泪，就问道："看你流泪，难道也同我有相似的不幸吗？"

树说："我怕是这世界上最苦命的树了。你看我，生在这岩石的缝隙之间，食无土壤，渴无水源，终年营养不足；环境恶劣，让我枝干不得伸展，形貌生得丑陋；根基浅薄，又使我风来欲坠，寒来欲僵。我看似坚强无比，其实是生不如死呀。"这人不禁与树同病相怜，就对树说："既然如此，为何还要苟活于世？不如随我一同赴死吧！"

树说："我死倒是极其容易，但这崖边便再无其他的树了，所以不能死呀。"这人不解。树接着说："你看到我头上这个鸟巢没有？此巢为两只喜鹊所筑，一直以来，它们在这巢里栖息生活，繁衍后代。我要是不在了，那两只喜鹊可怎么办呢？”

这人听罢，忽有所悟，就从悬崖边退了回去。

其实，每个人都不只是为了自己活着，再渺小再卑贱的人，对于有的人来说也是一棵伟岸的树。当我们想要放弃的时候，不如想想我们身边的人，他们需要我们的坚持。

四个过桥人

有一处地势险恶的峡谷，涧底奔涌着湍急的水流，而所谓的桥则是几根横亘在悬崖峭壁间赤裸裸的铁索。

一行四人来到桥头：一个盲人、一个聋子以及两个耳聪目明的正常人。四个人一个接一个地抓住铁索，凌空前进。

结果呢，盲人、聋子过了桥，一个耳聪目明的人也过了桥，另一个则跌下深渊丧了命。

难道耳聪目明的人还不如盲人、聋子吗？

是的！他的弱点偏偏在于耳聪目明。

盲人说：“我眼睛看不见，不知山高桥险，所以能平心静气地攀索。”

聋子说：“我耳朵听不见，不闻脚下怒吼咆哮，害怕绝对减少许多。”

那个过了桥的耳聪目明的人则说：“我过我的桥，险峰与我何干？洪流与我何干？只管留神落脚牢固就够了。”

积极地面对四周的环境，不要被虚张声势所吓倒，要知道，那多半都是纸老虎，唯有一颗坦然面对而又积极进取的心才可消除虚张声势对你的恐吓。

悲观者与乐观者

有一天，一个悲观者和一个乐观者在一起吃葡萄。悲观者吃葡萄时从大粒开始吃，他所吃的每一粒都比上一粒小，所以他心里充满了失望。乐观者吃葡萄时从小的开始吃，所吃的每一粒都比上一粒大，所以他心里充满了快乐。后来悲观者想换一种吃法，从小粒开始吃，可是在他看来，他吃到的都是最小的，他还是快乐不起来。乐观者也想换一种吃法，从大粒开始吃，在他看来，他吃到的都是最大的，他还是快乐的。

乐观的人总是能从平凡和不幸中发现美，在他们眼中，生活里的每一处都有朝阳。威廉·华兹华斯曾有一首诗道出了这份独特心境："我曾孤独地徘徊，像一缕云，独自飘荡在峡谷小山之间，忽然一片花丛映入眼帘，一大片金黄色的水仙，我凝视着，凝视着，但从未去想，这景象给我带来了什么财富，我的心从此充满了喜悦，随那黄水仙起舞翩跹。"

生活中不乏阳光，阳光需要你用心去体会。英国思想家伯特兰·罗素认为，一个人感兴趣的事情越多，快乐的机会也越多，而受命运摆布的可能性便越小。在乐观者眼中，所有的事都可以让他们快乐，即使不幸，也只是幸福的另一种解释。

一个健康乐观的心态，比一百种智慧都有力量。

改变自己，从停止抱怨开始

有一位作家出差时，无意中坐了一辆非常有特色的出租车。这辆出租车的司机穿着干净，车里也非常整洁。

作家刚刚坐稳，就收到司机递来的一张精美卡片，卡片上写着："在友好的氛围中，将我的客人最快捷、最安全、最省钱地送达目的地。"

看到这句话，作家来了兴趣，便和司机攀谈了起来。

司机说："请问，您要喝点什么吗？"

作家诧异："这辆车上难道还提供喝的吗？"

司机微笑着说："对，我不但提供咖啡，还有各种饮料，而且还有不同的报纸。"

作家说："那我能要杯热咖啡吗？"

司机从容地从旁边的保温杯里倒了一杯热咖啡给这位作家，然后又给了作家一张卡片，卡片上是各种报纸的名称和各个电台的节目单。只见上面写着《时代周刊》《体育报》《今日美国》……简直太全面了。

作家没有看报，也没有听音乐，而是和司机攀谈了起来。其间这个司机善意地询问作家车里的温度是否合适，离目的地还有条更近的路，是否要走。作家觉得温馨极了。

这个司机对作家说："其实，刚开始的时候，我的车并没有提供如此全面的服务。我像其他人一样，爱抱怨，糟糕的天气、微薄的收入、堵得一塌糊涂的路况，每天都过得很糟糕。有一天，我偶然在广播里听到一个故事，改变了我的观念。那个广播节目请了励志大师韦恩·戴尔博士，让博士来介绍他的新书。书中重点阐述了一个观点——停止抱怨、停止在日常生活中的抱怨，会让任何人走向成功。他让我突然醒悟，我目前糟糕的情况其实都是自己抱怨造成的。所以我决定停止抱怨，开始改变。

"第一年，我只是微笑地对待所有的乘客，我的收入就翻了一倍。

"第二年，我发自内心地去关心所有乘客的喜怒哀乐，并对他们进行宽慰，这让我收入又翻了一番。

"第三年，也就是今年，我让我的出租车变成了全美国都少有的五星级出租车。除了我的收入，上涨的还有我的人气，现在要坐我的车，都需要提前打电话预约。而您，其实是我顺路搭载的一个乘客。"

这位出租车司机的话，让这位作家惊讶极了。作家不禁反思自身，其实在日常生活中，自己何尝不是抱怨很多。他决定改变自己，将这个司机的故事写成一本书。后来有读者受到启发后试着去做了，生活真的发生了改变。这种改变让作家知道了，停止抱怨的力量是多么强大。

只要有突破困境的愿望，改变抱怨的态度，积极地去做当下应该做的事情，那么就一定能突破困难，向着追求的目标前进。

碎　罐

从前有一个人，他有一个非常精美的罐子。一天，他带着罐子赶路，走着走着，一不小心，罐子碰在了一块大石头上，顿时成了碎片。过路的人见了，都为这么精美的罐子成了碎片而惋惜。可是那个摔破罐子的人，却像没事人一样，看都不看罐子一眼，继续赶他的路了。

过路的人见了，都很吃惊。多么精美的罐子啊，摔碎了多么可惜呀。他竟能如此洒脱！也有人怀疑此人的神经是否正常。有人干脆追上去，问那个人：“你不感到可惜吗？”这个人说：“已经摔碎了的罐子，何必再去留恋呢？”

洒脱是一种摆脱了失去和痛苦的超级享受，失去了就是失去了，何必还要空留恋呢？如果留恋有用，还要继续努力干什么？

时光逝去便不会再回来，往事不可追，与其深陷在过去的泥淖中无法自拔，不如昂首阔步迈入明天，过新的生活。

洒脱是一种心态，亦是一种态度。洒脱会让我们活得自在，更容易取得成功，收获幸福。

城垣与毫毛

一位信徒请教禅师：“同样一颗心，为什么心量有大小的分别？”

禅师并未直接作答，却对信徒说：“请你将眼睛闭起来，在心中建一座城垣。”于是信徒闭目冥思，在心中构想了一座城垣，然后说：“城垣造好了。”

禅师：“请你再闭眼造一根毫毛。”

信徒又在心中造了一根毫毛。

信徒：“毫毛造好了。”

禅师：“当你造城垣时，是只用你一个人的心去造，还是借用别人的心共同去造呢？”

信徒：“只用我一个人的心去造。”

禅师：“当你造毫毛时，是用你全部的心去造，还是只用了一部分的心去造？”

信徒：“用全部的心去造。”

于是禅师就对信徒讲禅：“你造一座大的城垣，只用一颗心；造一根小的毫毛，还是用一颗心。可见，你的心是能大能小啊！”

人心可大可小，小时一根毫毛即可填满，大时则可以包容天地万物。心界本是广阔无边，只在自己所想所念。心有多大，舞台就有多大。可见，人心所悟，悟大则大，悟小则小，并无定数。

心不为形役的心态，可以使我们活得从容、淡定。

“要是”和“下次”

有一位精神病学家，执业多年，获得了很大的成功，在精神病学界享有很高的声誉。他数年前将要退休时，发现在帮助自己改变生活方面最有用的老师，是他所谓的四个小字：“要是、下次。”

他说：“我有许多病人，把时间都花在缅怀既往上，后悔当初该做而没有做的事，‘要是我在那次面试前准备得好一点……’或者‘要是我当初进了会计班……’”

在懊悔的海洋里浮沉是严重的精神消耗。矫正的方法很简单：只要在你的词汇里抹掉“要是”二字，改用“下次”二字即可。你应该对自己说：“下次如有机会，我应该如何做……”

最浪费时间的莫过于懊悔。千万不要老是惦念以往的过错，当你又在追悔既往时便对自己说：“下次我不会再做错。”

亚历山大的财宝

亚历山大大帝给希腊世界和东方、远东的世界带来了文化的融合，他开创了世界历史上第一个横跨亚洲、欧洲的庞大帝国。据说他为此投入了全部热情与活力，在出发远征波斯之际，曾将他所有的财产都分给了大臣。

为了开启征伐波斯的漫长征途，他必须买进种种军需品和粮食等，为此他需要巨额的资金。但是，他却把全部财产都给臣下分配光了。

群臣之一的庞尔狄迦斯深以为怪，便问亚历山大大帝："陛下带什么启程呢？"对此，亚历山大回答说："我只有一件财宝，那就是'希望'。"

庞尔狄迦斯听了这个回答以后，说："那么请允许我们也来分享它吧。"于是，他谢绝了分配给他的财产，而且大臣中的许多人也仿效了他的做法。

所有的人都选择生活在希望之中，希望是积极心态的催生剂。有了希望，就有一颗积极的心，这就是成功的开端。

冲出“死亡之组”

在世界级的网球大赛开始前，按照惯例要先抽签。抽签的结果很快出来了，有一个小组因为成员大都是实力强大的选手，被称为“死亡之组”。

一个记者知道这个消息后，第一时间赶到了抽签现场，用相机记录下了被抽进“死亡之组”的选手们的表情。

除了一些名将之外，大多数人都是掩面叹息。参加这样的世界大赛的机会非常难得，谁不想走得更远？可是，看着这个强手如林的小组，很多人都近乎绝望了。

“我的命怎么这么不好啊！苦练了这么多年才得到这么一个机会，可第一轮的对手都这么强大，这比赛还怎么打？”一名球员的情绪有些激动，几乎是低吼着。一时间，被分在这个小组的年轻球员们聚到了一起，都感叹自己的命运太差，居然阴差阳错地进入了这么一个小组。

就在这时，记者发现一个小伙子默默地拿起球袋走开了。记者清楚地记得，这个叫纳达尔的小伙子也是“死亡之组”的一员。他很好奇：为什么在别人都抱怨叹息的时候，纳达尔却一言不发地离开了？

记者悄悄跟着纳达尔，发现他正在僻静的角落里反复挥拍，不断地纠正自己动作上的错误。“你都这么不走运被分进‘死亡之组’了，还训练干吗？”记者一边走过来，一边说道。

“我不知道别人是怎样看待命运的，我只知道，一个人只要努力，就能为自己赢得好运！”纳达尔酷酷地说完之后，再也没看记者一眼，而是继续练习。记者站在旁边，凝视着这个面露稚气的年轻人，反复咀嚼着刚才的那句话……

正式比赛那一天，纳达尔刚上场的表现相当一般，对手的实力明显比他强许多，得分几乎是一边倒。

可随着时间的推移，观众们渐渐发现纳达尔打起球来非常拼命，很多大家以为肯定接不起来的球，他都能不可思议地接住。尤其是在对手打出一记漂亮的反击之后，所有人都认为纳达尔跑不过去了，可谁也没想到，纳达尔竟然飞身扑了过去，抢在球落地之前又打了回去。

现场鸦雀无声。脸上沾满了泥土的纳达尔吹了吹手臂伤口上的细砂，捏紧拳头大吼一声，对手彻底被纳达尔的气势压倒了。

那天，对手输了，不是输在技能上，而是输在心态上。坐在看台上的那个记者也看得目瞪口呆，好不容易回过神来之后，他立刻赶回住处，将当天的比赛情况发回了总部。

那次比赛，让初出茅庐的纳达尔一战成名。

冲出“死亡之组”，纳达尔凭着自己不言放弃的心态，最终让自己的名字在世界顶级赛场的舞台上大放异彩。

活下来的杰里

杰里是一家餐厅的服务生，他的心情总是很好。当有人问他近况如何时，他回答：“我无比快乐。”如果哪位同事心情不好，他就会告诉对方事物好的一面。他说：“每天早上，我一醒来就对自己说‘杰里，你今天有两种选择，你可以选择心情愉快，也可以选择心情不好，而我选择心情愉快’。每次有坏事情发生，我可以选择成为一个受害者，也可以选择从中学些东西，我选择后者。人生就是选择，你选择如何去面对各种处境，归根结底，就是你自己选择如何面对人生。”

有一天，他还没来得及关店门，就被三个持枪的歹徒拦住了。歹徒朝他开了枪，然后妄图逃跑。幸运的是，血泊之中的杰里被及时赶到的警察发现。歹徒被捕，杰里被送进了急诊室。经过十几个小时的抢救和几个星期的精心治疗，杰里出院了，只是仍有小部分弹片留在他体内。

几个月后，他的一位朋友见到了他。朋友问他近况如何，他说：“我快乐无比。想不想看看我的伤疤？”朋友看了伤疤，然后问当时他想了些什么。杰里答道：“当我躺在地上时，我对自己说有两个选择，一是死，一是活。我选择了活。医护人员都很好，他们告诉我，我会好的。但在他们把我推进急诊室后，我从他们的眼神中读到了‘他是个死人’，我知道我需要采取一些行动。”“你采取了什么行动？”朋友问。杰里说：“有个护士大声问我有没有对什么东西过敏。我马上答‘有的’。这时，所有的医生、护士都停下来等我说下去。我深深吸了一口气，然后大声吼道：子弹！”在一片笑声中，我又说道：“请把我当活人来医，而不是死人。”

杰里就这样活了下来。

人生是一串由无数烦恼穿成的念珠。既然快乐能过完每一天，痛苦也一样能过完每一天，我们为什么不选择快乐呢？心态决定人生，有时也决定生命。

沙漠里的星星

有个叫塞尔玛的女人陪丈夫驻扎在一个沙漠的陆军基地里。她常常一个人留在陆军的小铁房子里，天气炎热，没人聊天，而当地的土著居民也不懂英语。她非常难过，于是写信给父亲，说要丢开一切回家去。父亲的回信只有两行，却完全改变了她的想法：

两个人从牢房的铁窗望出去：

一个看到泥土，一个却看到了星星。

塞尔玛一再读这封信，感到非常惭愧，决定要在沙漠中寻找星星。于是她开始和当地人交朋友。他们的反应使塞尔玛非常惊奇：她对他们的纺织、陶器表现出感兴趣，他们就把自己最喜欢但舍不得卖给观光客人的纺织品和陶器送给她。在那里，她研究那些引人入迷的仙人掌和各种沙漠植物、物态，观看沙漠日出，研究海螺壳，发现这些海螺壳是十几万年前这沙漠还是海洋时留下来的……原来难以忍受的环境变成了令人兴奋、流连忘返的奇景。

父亲两行字的信，使她把原来认为恶劣的情况变成了一生中最有意义的经历。为此，她写了一本书——《快乐的城堡》，出版后受到许多人的喜爱。

人生如逆水行舟，只为红尘梦一方。有时候，梦想与现实背道而驰，你没有能力掌控它的方向，不能预知它的未来。这时，我们不必苦苦挣扎，自怨自艾，我们需要的是换一种心态，换一种方式，去看待生活的阴晴圆缺。

黑人小孩的气球

一天，几个白人小孩在公园里玩。这时，一位卖氢气球的老人推着货车进了公园。白人小孩一窝蜂地跑了上去，每人买了一个气球，兴高采烈地追逐着放飞的气球跑开了。白人小孩的身影消失后，一个黑人小孩怯生生地走到老人的货车旁，用略带恳求的语气问道："您能卖给我一个气球吗？"

"当然可以，"老人慈祥地打量了他一眼，温和地说，"你想要什么颜色的？"黑热小孩鼓起勇气说："我要一个黑色的。"

脸上写满沧桑的老人惊讶地看了看这个黑人小孩，随即递给他一个黑色的气球。黑热小孩开心地接过气球，小手一松，气球在微风中冉冉升起。

老人一边看着上升的气球，一边用手轻轻地拍了拍他的后脑勺，说："记住，气球能够升起，不是因为它的颜色，而是因为气球内充满了氢气。"

成就与出身无关，而是和信心有关。这个世界是用自信心创造出来的。充满自信、积极地面对自己所拥有的一切，这种积极的心态和自信会帮助人登上成功的山顶。

重生的“森林庄园”

一夜之间，一场雷电引发的火灾烧毁了美丽的“森林庄园”，刚刚从祖父那里继承了这座庄园的保罗陷入了一筹莫展的境地。

他经受不住打击，闭门不出，茶饭不思，眼睛熬出了血丝。

一个多月过去了，年已古稀的外祖母获悉此事，意味深长地对保罗说：“小伙子，庄园成了废墟并不可怕，可怕的是你的眼睛失去了光芒，一天天地老去——一双老去的眼睛怎么能看到希望呢？”

保罗在外祖母的说服下，一个人走出庄园。他漫无目的地闲逛，在一条街道的拐弯处，他看到了一家店铺的门前人头攒动。原来是些家庭主妇正在排队购买木炭。那一块块躺在纸箱里的木炭让保罗的眼睛突然一亮，他看到了一丝希望。

接下来的两个星期，保罗雇用了几名烧炭工人，将庄园里烧焦的树木加工成优质的木炭，送到集市上的木炭经销店。结果木炭被抢购一空，他因此得到了一笔不菲的收入。然后他用这笔收入购买了一大批新树苗，不久，一座新的庄园初具规模了。几年以后，一座新的“森林庄园”再度绿意盎然。

从这则故事中可以看出，古稀的祖母比年轻的保罗更加坚强。她让保罗用一颗强大的内心抵御灾难，从而获得了新生。

强者的心态比黄金更重要，无关外在，只要拥有洞察一切的明亮双眼，我们总能找到一条通往成功的道路。

佛塔里的老鼠

一只四处漂泊的老鼠在佛塔顶上安了家。

佛塔里的生活实在是幸福极了，它既可以在各层之间随意穿越，又可以享受到丰富的供品。它甚至还享有别人所无法想象的特权，那些不为人知的秘典，它可以随意咀嚼；人们不敢正视的佛像，它可以自由游走，兴起之时，甚至还可以在佛像头上留些排泄物。

每当善男信女们烧香叩头的时候，这只老鼠总是看着那令人陶醉的烟气，慢慢升起。它猛抽着鼻子，心中暗笑："可笑的人类，膝盖竟然这样柔软，说跪就跪下了！"

有一天，一只饿极了的野猫闯了进来，它一把将老鼠抓住。

"你不能吃我！你应该向我跪拜！我代表着佛！"这位高贵的俘虏抗议道。

"人们向你跪拜，只是因为你所占的位置，不是因为你！"野猫讥讽道，然后，它像掰开一个汉堡包那样把老鼠掰成了两半。

得意忘形是一种非常有害的心态，有时它直接指向建立在愚昧无知基础上的自高自大，进而招致毁灭。要摒弃得意忘形的心态，就要时刻对自己有清醒的认识。"败不馁"固然重要，"胜不骄"则是强者的另一风范。

情绪篇

不以物喜，不以己悲。

——[宋]范仲淹

积极的情绪与消极的情绪不能同时占有我们的意识，其中必定有一种处于支配地位。所以，我们一方面要培养积极的情绪态度，抵制消极的情绪态度，另一方面务必使积极的情绪和态度在我们的心灵中起支配性的作用，并且成为我们的一种习惯，这将引导我们走向阳光。

爱地巴跑圈

在古老的西藏，有一个叫爱地巴的人。每次生气和人起争执的时候，他就以很快的速度跑回家去，绕着自己的房子和土地跑三圈，然后坐在田地边喘气。爱地巴工作非常努力，他的房子越来越大，土地也越来越广，但不管房子、土地有多大，只要与人争论生气，他还是会绕着房子和土地绕三圈。爱地巴为何每次生气都要绕着房子和土地跑三圈？所有认识他的人，心里都起了疑惑，但是不管怎么问他，爱地巴都不愿意说明。

直到有一天，爱地巴很老了，他的房子和土地已经无人能及。他生气时，就拄着拐杖艰难地绕着房子和土地走圈，等他好不容易走完三圈，太阳都已经下山了，爱地巴独自坐在田边喘气。他的孙子在身边恳求他："阿公，您的年纪已经这么大了，并且这附近的人也没有谁的土地比您更大，您不能再像从前一样，一生气就绕着土地跑啊！您可不可以告诉我这个秘密，为什么您一生气就要绕着土地跑上三圈？"

爱地巴禁不住孙子恳求，终于说出隐藏在心中多年的秘密。他说："年轻时，我若和人吵架、争论、生气，就绕着房子和土地跑三圈，边跑边想，我的房子这么小，土地这么小，我哪有时间、哪有资格去跟人家生气？一想到这里，气就消了，于是就把所有时间用来努力工作。"孙子又问道："阿公，现在您年纪大了，又是最富有的人，为什么还要绕着房子和土地跑？"爱地巴笑着说："我现在还是会生气，生气时绕着房子和土地走上三圈，边走边想，我的房子这么大，土地这么多，我又何必跟人计较？一想到这，气就消了。”

爱地巴是一个明智的人，他懂得一则人生的哲理——安放自己的情绪。

地狱与天堂

古时候的日本，有一个名叫信重的武士，他对天堂和地狱之说存有疑惑：这个世界上真的有天堂和地狱吗？

他向白隐禅师请教：“真的有天堂和地狱吗？”

白隐禅师却问道：“你是做什么的？”

“我是一名武士。”信重回答道，言下颇为自傲。

“你是一名武士？”白隐禅师淡淡地说道，“什么样的主人会要你做他的门客？看看你的面孔，好像乞丐一样！”

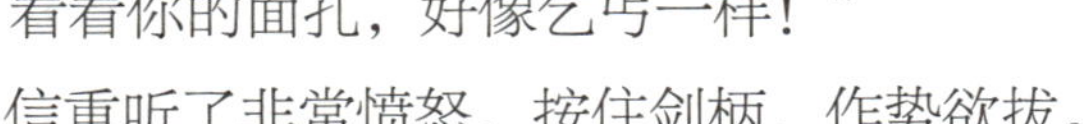

信重听了非常愤怒，按住剑柄，作势欲拔。

“哦，你有一把剑，但你的武器也太钝了，根本砍不下我的脑袋。”白隐禅师毫不在意地说。信重气得当真拔出剑来。

“地狱之门由此打开。”白隐禅师缓缓说道。

信重心中一震，顿有所悟，接着收起剑，向白隐禅师深深鞠了一躬。

“天堂之门由此打开。”白隐禅师面带微笑地说。

一念之间上天堂，一念之间下地狱。一念之间大彻大悟，一念之间钻了牛角尖。人生在世，诸多种种，莫不是在一念之间。

穿越黑房子

一位心理学家试图通过实验了解人的恐惧情绪对行动的影响。

首先，他让十人穿过一间黑暗的房子。在引导下，这十人都成功地穿了过去。

然后，心理学家打开房内的一盏灯。在昏黄的灯光下，这些人看清了房子内的一切，都惊出一身冷汗。这间房子的地面下是一个大水池，水池里有十几条鳄鱼，水池上方搭着一座窄窄的小木桥，刚才他们就是从小木桥上走过去的。

心理学家问：“现在你们当中还有谁愿意再次穿过这间房子呢？”无人回答。过了很久，有三个胆大的站了出来。第一个人小心翼翼地走过去，速度比第一次慢很多；第二个人颤巍巍地踏上小木桥，走到一半时，两腿发软，只好爬了过去；第三个人刚走几步就一下子趴下了，再也不敢向前移动半步。

心理学家又打开房间内的另外九盏灯，灯光把房间里照得如同白昼。这时，人们看见小桥下方装有一张安全网，只是由于网线很细、颜色极浅，他们刚才根本没有看见。

“现在，谁愿意通过这座小木桥呢？”心理学家问道。这次有五个人站了出来。

“你们为何不愿意呢？”心理学家问剩下的两个人。“这张安全网牢固吗？”这两个人异口同声地反问。

这个实验非常清楚地表明了恐惧情绪对人们行为的影响：当人们心存恐惧的时候，就迈不开行动的脚步，就会退缩、畏惧。

妙在忍气吞声

马尔辛利刚任美国总统时，想任命某人做税务部长，却遭到了许多政客的反对。他们派遣代表前往总统府向马尔辛利进谏，要求他说明委任此人的理由。为首的代表是一个身材矮小的国会议员，他脾气暴躁，说话粗声粗气，开口就把总统大骂了一番。

马尔辛利却一声不吭，任凭他声嘶力竭地谩骂……直至这位矮个子议员自己安静下来，马尔辛利才开始跟他说话，并且极为心平气和：“您讲完了，怒气平息了吧？照理您是没有权利这样来责问我的，尽管这样，我还是愿意详细地给您解释……”

这位议员仅仅听到总统这几句话，就立刻表现出羞惭万分的神情。但总统不等他表示歉意，就和颜悦色地对他说：“其实也不能怪您，因为我想任何不明白真相的人，都会大怒。”接着，他便把理由一一解释清楚。

当那位议员回去向同僚们汇报时，只是说："我记不清总统的全部解释，只有一点可以报告，那就是——总统的选择并没有错。"他已经完全为总统所折服。

抑制发怒不但使马尔辛利的解释获得了效果，而且使那位议员从此悔悟，以后再不做出令人难堪的举动。没想到，向来为人们所轻视的"忍气吞声"竟有极大的妙处。由此可见，欲制服一个大发脾气的人，暂时"忍气吞声"往往是最好的选择。

致命杀手——"生气水"

美国一些心理学家做了一项实验，他们把正在生气的人的血液中所含的一种物质注射到小老鼠身上，并观察其反应。初期，这些小老鼠表现呆滞，整天不思饮食。几天后，它们就默默地死掉了。

美国生理学家爱尔玛为了研究情绪状态对健康的影响，也设计了一个很简单的实验：他把一支支玻璃管插在正好是0℃的冰水混合物容器里，然后分别注入人们在不同情况下的"气水"，即用人们在悲痛、悔恨、生气时呼出的水汽和他们在心平气和时呼出的水汽做对比实验。结果表明，当一个人心平气和时呼出的水汽冷凝成水后，水是澄清透明、无杂质的；悲痛时呼出的水汽冷凝后则有白色沉淀；悔恨时呼出的水汽沉淀物为乳白色；而生气时呼出的"生气水"沉淀物为紫色。他把"生气水"注射到大白鼠身上，几十分钟后，大白鼠就死了。由此可见，生气对健康的危害非同一般。

有分析表明：人生气10分钟会耗费大量精力，其程度不亚于参加一次3000米的赛跑；而且生气时的生理反应也十分剧烈，分泌物比其他任何情绪状态下的分泌物都复杂，且更具毒性。人在生气时心理状况失衡，情绪高度紧张。在这样恶劣的心理状态和强烈的不良情绪下，大脑中的“脑岛皮质”受到刺激，时间久了就会改变大脑的正常运作。因此，动辄生气的人很难健康长寿。

为了自身健康，请尽量不要生气。如果实在是生气，也要学会用克制、幽默、宽容等消气艺术来减轻或消除心理压力。

精神健康室

在日本松下电器公司的各个企业单位里，都设有“精神健康室”，人们把它称为“出气室”。

当一个牢骚满腹的职工走进这里的时候，迎面便是一排各种各样的哈哈镜。职工看见哈哈镜自然是哈哈大笑，怨气就在笑声中消解了。走过哈哈镜，在他面前又出现几个象征着经理、老板的橡皮塑像，旁边放着打人的棍子。如果还怨气未消的话，就可以拿起棍子，将橡皮塑像揍个痛快。然后，走进健康室的最后一部分——恳谈室。在这里接见职工的是一位笑容满面的高级主管，该主管会热情地问职工有什么困难和不满，有什么改进工作的意见。如果这个职工能提出合理化的建议，还会获得奖励。

松下电器公司这样做是非常有道理的。如果职工带着一种不好的情绪去工作，毫无疑问会影响人际关系、工作进程……所以，情绪必须要得到合理的宣泄。解铃还须系铃人，人的情绪倾向，总是来自于一定的对象。若是能够合理、合法地宣泄情绪，人往往可以产生一种满足感，从而重现信心和活力，工作更加积极努力。由此看来，“出气室”的做法值得借鉴。

费斯汀格法则

美国社会心理学家费斯汀格，曾提出了一个十分著名的法则：“生活中的10%是由发生在你身上的事情组成，而另外的90%则是由你对所发生的事情如何反应所决定。”

费斯汀格举了一个例子。

卡斯丁早上起床后洗漱时，随手将自己的高档手表放在洗漱台边，妻子怕被水淋湿了，就随手拿过去放在餐桌上。儿子起床后到餐桌上拿面包时，不小心将手表碰到地上摔坏了。卡斯丁心疼手表，就照着儿子的屁股揍了一顿，然后黑着脸骂了妻子一通。妻子不服气，说是怕水把手表打湿。卡斯丁说他的手表是防水的。于是，二人激烈地争吵起来。一气之下，卡斯丁早餐也没有吃，直接开车去了公司，快到公司时突然记起忘了拿公文包，又立刻转回家。

可是家中没人，卡斯丁的钥匙在公文包里，他进不了门，只好给妻子打电话要钥匙。妻子慌慌张张地往家赶时，撞翻了路边的水果摊，摊主拉住她不让她走，要她赔偿，她不得不赔了一笔钱才摆脱。待门打开拿到公文包匆匆赶到公司，卡斯丁已迟到了15分钟，挨了上司一顿严厉批评，他的心情坏到了极点。下班前又因一件小事，他跟同事吵了一架。妻子也因早退，被扣除当月全勤奖。儿子这天参加棒球赛，原本夺冠有望，却因心情不好而发挥不佳，第一局就被淘汰了。

在这个事例中，手表摔坏是其中的10%，后面一系列事情就是另外的90%。当事人由于没有很好地掌控那90%，才导致了这一天成为“闹心的一天”。

生活中不如意之事难免会有，但我们可以选择不让偶发的小事影响到我们宝贵的平和心境与更重要的事情。倘能如此，我们的幸福指数会大大提高。

嫉妒是心灵的地狱

有一个人，非常嫉妒他的邻居。他的邻居越是高兴，他越是不高兴；他邻居的生活过得越好，他越是不痛快；他每天都盼望邻居倒霉，或盼望邻居家着火，或盼望邻居得什么不治之症，或盼望下雨天雷能窜进邻居家，劈死一两个人，或盼望邻居的儿子夭折……

然而每当他看到邻居时，邻居总是活得好好的，并且微笑着和他打招呼，这时他的心里就更加不痛快，恨不得往邻居的院子里扔包炸药，把邻居炸飞……

就这样，他每天折磨自己，身体日渐消瘦，胸中就像堵了一块石头，吃不下也睡不着。终于有一天，他决定给他的邻居制造点晦气。这天晚上，他在花圈店里买了一个花圈，偷偷地给邻居家送去。当他走到邻居家门口时，听到里面有人在哭。此时邻居正好从屋里走出来，看到他送来一个花圈，忙说："这么快就过来了，谢谢！谢谢！"原来邻居的父亲刚刚去世。这人顿觉无趣，"嗯"了两声，便退了出来。之后的日子里，他始终无法挣脱嫉妒的枷锁，不久就一命呜呼了。

作家艾青曾说过："嫉妒是心灵上的肿瘤！一切嫉妒的火焰，总是从燃烧自己开始的。"嫉妒的本质是害怕别人比自己好、比自己强，这样的人对别人失败的兴奋往往胜过对自己成功的喜悦，对别人优胜的愤怒每每强似对自己失败的难过。为了"让别人的日子不好过"，他们甚至愿意让自己遭受损失，处心积虑地设计陷害他人，结果他们往往掉进自己设计的陷阱里。

可见，嫉妒是心灵的地狱。

钉　子

有一个小男孩，脾气特别不好，在和小伙伴们玩耍时，经常发脾气。别人没把球传给他，他要大发脾气；别人把球传给他，但是他没能接住，他还是要大发一顿脾气。在家里，他也经常发脾气，对着父母大喊大叫。

他父亲给了他一袋钉子，并且告诉他，每当他发脾气的时候，就在后院的围栏上钉一颗钉子。第一天，这个男孩钉下了37颗钉子。慢慢地，每天钉下的数量减少了，他发现控制自己的脾气要比钉下那些钉子容易。于是有一天，这个男孩再也不会失去耐心，乱发脾气。他告诉了父亲，父亲又说，从现在开始每当他能控制自己脾气的时候，就拔除一颗钉子。一天天过去了，最后男孩告诉父亲，他终于把所有钉子给拔出来了。

父亲拉着他的手，来到后院，说："你做得很好，孩子。但是，看看那些围栏上的洞，这些围栏永远不能回复到从前的样子。你生气时说的话就像这些钉子一样留下疤痕。如果你伤害了别人，不管你说了多少次对不起，那个伤口将永远存在。话语的伤痛就像利刃的伤痛一样令人无法承受。"

当我们发脾气时，不仅破坏了自己的情绪，也会给他人的内心带来伤害，只有学会控制情绪，心平气和地解决问题，才能悦己悦人。

想法变了，自然一切都变了

在2009年11月举行的第四届中国健康传播大会上，作为健康知识传播激励计划宣传员的白岩松在会上坦言："这个社会，压力无处不在，每一个人都会有顺和不顺的时候，而且顺和不顺是生活的常态。但是不管怎么样，每个人都应更积极地去面对生活，热爱生命应成为健康传播最重要的基石。"

有人问他："你是如何面对压力的？"

他说："我认为，在人的一生中，快乐与痛苦只占5%，其余的便是平淡的生活。当我情绪特好的时候，我告诉自己，要有危机感；情绪不好或者特差的时候，我告诉自己，要能够平静地想想，这种经历可以帮助自己成长，前面还有好事等着呢。”

白岩松的回答很朴实，但其中却蕴含着深刻的哲理。《道德经》中有这样一句话：“祸兮，福之所倚；福兮，祸之所伏。”意思是，祸是造成福的前提，而福又含有祸的因素。也就是说，好事和坏事是可以互相转化的。在一定的条件下，福就会变成祸，祸也能变成福。白岩松的回答和老子说的这句名言，有异曲同工之妙。

在情绪不好时，我们可以试着看看事物的另一面，把经历坏事看成促使自己成长的必要经历。想法变了，一切自然都变了。

装笑也管用

美国一广告公司的部门经理弗雷德工作一向很出色。有一天，他感到心情很差。但由于这天他要在开会时与客户见面谈话，所以不能有情绪低落、萎靡不振的神情表现。在会议上，他必须要笑容可掬，谈笑风生。他不得不装成心情愉快而又和蔼可亲的样子。令人惊奇的是，他的

这种心情“装扮”却带来了意想不到的结果——随后不久，他就发现自己不再抑郁不振了。

美国心理学家霍特指出，弗雷德在无意中采用了心理学的一项重要规律：装着有某种情绪，模仿着某种情绪，往往能帮助我们真的获得这种情绪。

多年来，心理学家都认为，除非人们能改变自己的情绪，否则通常不会改变行为。当然，情绪、行为的改变也不是说变就变、想变就变的瞬间现象，而是有一个心理变化的内在过程。心理学家艾克曼的最新实验表明：一个人老是想象自己进入了某种情境，并感受某种情绪时，结果这种情绪十之八九果真会到来。

为了调控好情绪，不妨偶尔对自己的心情进行一番“装扮”。

成功与情绪调整

一个很成功的销售冠军，跟一个根本就卖不出产品的业务人员相较，谁的销售量比较多？当然是销售冠军。谁遇到的挫折挑战比较多？当然也是销售冠军。

销售冠军遇到的挫折挑战比一个根本就卖不出产品的业务人员多很多，因为他需要面对更多的人，当然也会面对更多的拒绝。但是要正常工作，就要快速地调整自己的情绪，镇定自若地去面对一些挑战和问题。

比如你是一个销售人员，面对顾客的拒绝，可以有两种选择：一种是被顾客拒绝掉，两个月不想起床；一种是可以对自己说，这只是一个玩笑而已，他拒绝的不是我，只是我的销售方式而已。他不是不买，只是他还不够了解我的产品；或者他今天只是跟太太吵架，所以对我发了一点脾气，这没有关系。我在他心情好的时候来，也许就会成交。毫无疑问，第二种选择会让销售人员变得更优秀，因为成功的速度取决于情绪调整的速度。

优秀的人不是没有情绪问题，只是他们不会让一个消极情绪停留太久。销售冠军的成功之处，在于让自己的情绪处于积极的方面而已。

把不可能变成可能

福特汽车公司的创立者亨利·福特在取得成功后，便成了众人羡慕的对象，很多人都想知道他成功的秘诀。其实，只要一瞥福特的行动，就可完全了解他的成功“秘诀”。

多年前，亨利·福特决定改进现在著名的“V-8”式发动机的汽缸。他要制造一个具有铸成一体的8个汽缸的引擎，便指示工程人员去设计。可是，这些工程人员没有一个认为制造这样的引擎是可能的。福特说：“无论如何也要生产出这种引擎。”“但是，”他们回答道，“这是不可能的。”“去工作吧，”福特命令道，“坚持做这项工作，无论要用多少时间，直到你们完成这项工作为止。”这些工程人员就去工作了。

六个月过去了，他们没有成功。又过了六个月，他们仍然没有成功。这些工程人员愈是努力，这项工作就似乎愈是“不可能”。在这一年的年底，福特咨询这些工程人员时，他们再一次向他报告，他们无法实现他的命令。

“继续工作，”福特说，“我需要它，我决心得到它。”

后面又发生了什么情况呢？——当然，制造这种发动机不是完全不可能。

后来，福特把“V-8”式发动机装到最好的汽车上了，这使福特和他的公司把那些最有力的竞争者远远地抛到了后面，以至于他们用了好些年才赶上来。

福特面对困难时的积极向上的情绪和状态，对于你也是适用的。如果你像福特那样运用它，你也能把不可能的事变成可能。

成败在情绪

著名石油大亨洛克菲勒曾经遭遇了一场官司。

在法庭上，律师拿出一封信问洛克菲勒：“先生，你收到我寄给你的信了吗？你回信了吗？”

“收到了！”洛克菲勒回答他，“没有回信！”

律师又拿出一封信问洛克菲勒：“先生，你收到我寄给你的信了吗？你回信了吗？”

“收到了！”洛克菲勒回答他，“没有回信！”

律师又拿出二十几封信，一一地询问洛克菲勒，而洛克菲勒都以相同的表情，一一给予相同的回答。

律师从一开始的冷静到后来的焦躁，最后控制不住自己的情绪，暴跳如雷地不断咒骂。

最后，法庭宣布洛克菲勒胜诉，因为律师因情绪失控让自己乱了章法。

洛克菲勒在法庭上能把情绪收放自如，这个时候，情绪已不仅是一种感情上的表达，而是成了攻防中使用的武器。

情绪处理得好，可以将阻力化为助力，帮你解危化险；若处理得不好，便容易产生一些非理性的言行举止，轻则误事受挫，重则违法乱纪。

因此，要成为杰出的人，除了常识与能力之外，全视其能否将情绪操控得当。

冲动是魔鬼

早年在美国的阿拉斯加，有一对年轻人幸福地结了婚。婚后生育时，太太因难产而死，遗留下一个孩子。男主人忙于生活，又忙于工作，根本没时间照看孩子，也没有人帮忙看孩子。因而他训练了一只狗，那狗聪明听话，能照顾孩子，会咬着奶瓶给孩子喂奶喝，还能陪孩子玩耍。

有一天，主人出门去了，叫狗照顾孩子。他到了别的乡村，因为遇到了大雪，当日不能回来，到第二天他才赶回家。听到推门声，狗立刻到门口迎接主人。他打开房门一看，到处是血，抬头一望，床上也是血，狗在身边，满口也是血，可是孩子不见了。主人发现这种情形，大为震惊，以为是狗性发作，把孩子吃掉了，大怒之下，拿起刀来向着狗头一劈，把狗杀死了。

之后，他突然听到孩子的声音，又见孩子从床下爬了出来。他抱起孩子，发现孩子身上虽然有血，但并未受伤。他很奇怪，不知道究竟是怎么一回事，再看狗的身体，腿上的肉没有了，而不远处的角落里竟然有一只狼，嘴里还咬着狗的肉，已经死了。

原来，狗救了小主人，却被主人误杀。冲动真的是魔鬼，他杀掉了对他忠心耿耿的狗，后悔莫及！

被苍蝇击败的冠军

1965年9月7日，世界桌球冠军争夺赛在美国纽约举行。路易斯·福克斯如有神助，得分一路遥遥领先。

此时，他只要正常发挥就可以稳拿冠军了。然而就是在这个时候，一只苍蝇落在了主球上，他挥手将苍蝇赶走。可是，当他俯身击球的时候，那只苍蝇又飞回到主球上来，他再一次起身驱赶苍蝇。

这只讨厌的苍蝇破坏了他的情绪。而且更为糟糕的是，这只苍蝇好像是有意跟他作对，他一回到球台，它就又飞回到主球上来。近处的观众哈哈大笑。

福克斯的情绪恶劣到了极点，终于失去理智，愤怒地用球杆去击打苍蝇。球杆碰到了主球，裁判判他击球，他因此失去了一轮机会。接下来，情绪很糟糕的他方寸大乱，连连失手。而对手则抓住这个机会，奋起直追，终于夺走了桂冠。

到嘴的鸭子又飞了，福克斯实在是咽不下这口气。第二天早上，人们在他的房间里发现了他的遗书和尸体。

重温一下福克斯的教训是十分有益的。当苍蝇落在主球上的时候，不要理它，一门心思击球吧！当主球飞速奔向既定目标的时候，苍蝇就会不赶自飞。

摔碎的牛奶瓶

十几岁的桑德斯经常为很多事情发愁。他常常为自己犯过的错误自怨自艾，哪怕是交上考试卷子之后，也常常会半夜里睡不着，害怕没有考及格。他总是想那些做过的懊悔事，希望当初没有这样做；总是回想那些说过的话，后悔当初没有将话说得更好。为了改变他的心态，他的生理卫生课老师专门设计了一堂实验课。

一天早上，全班都到了科学实验室。老师把一瓶牛奶放在桌子边上。大家都坐了下来，望着那瓶牛奶，不知道它和这堂生理卫生课有什么关系。

过了一会，老师突然站了起来，一下把牛奶瓶打碎在水槽里，同时大声叫道：“不要为打翻的牛奶而哭泣。”然后他叫所有的人都到水槽旁边，好好地看看那瓶打翻的牛奶。“好好地看一看”，他对大家说，“我希望大家能一辈子记住这一课。这瓶牛奶已经没有了——你们可以看到它都漏光了，无论你怎么着急，怎么抱怨，都没有办法再救回一滴。只要先用一点脑子，先预防，这瓶牛奶就可以保住。可是现在已经太迟了，我们现在所能做到的，只是把它忘掉，丢开这件事情，只注意下一件事。”

经过这节实验课，桑德斯焦虑的心情得到了很大的缓解。他明白了永远不要为已发生的事情烦恼，而应该转身朝前走，摆脱过往负累，以轻松的姿态前进。

烧掉这封信

林肯做美国总统时，有一天陆军部长斯坦顿来到他那里，气呼呼地对他说一位少将用侮辱的话指责他偏袒一些人。看着陆军部长斯坦顿愤怒的脸庞，林肯建议他写一封内容尖刻的信回敬那家伙，因为只有把内心的愤怒发泄出来，才会让斯坦顿的心里舒服一些。

“可以狠狠地骂他一顿。”林肯说。

“我真的可以这样做吗？”斯坦顿看了林肯一眼。

“当然可以。”林肯说。

愤怒中的斯坦顿立刻写了一封措辞强烈的信，然后拿给林肯看。

“对了，对了。”林肯高声叫好，“要的就是这个！好好训他一顿，真是写得绝了，斯坦顿。”

但是，当斯坦顿把信叠好并装进信封时，林肯却叫住他，问道：“你要干什么？”

“寄出去呀。”斯坦顿有些摸不着头脑了，“写这封信不就是为了寄出去吗？”

“不要胡闹。”林肯大声地说，“这封信不能发，快把它扔到炉子里去。凡是生气时写的信，我都是这么处理的。这封信写得很好，写的时候你已经解了气，现在感觉好多了吧？那么就请你把它烧掉，再写第二封信吧。”

到了写第二封信时，这位陆军部长的言语措辞已经没有了原先的激烈；而是用相对平和的语气向对方表达自己的看法。一场分歧就此消弭于无形。

因此，当我们心中有负面情绪时，不妨先独自发泄一下，调整一番，之后的沟通也会更和谐、有效。

快乐就是一束阳光

有一位老人，在他68岁时事业遭受严重挫折，他奋斗了几十年的享誉全国的零售集团，在一夜之间破产了。人们听说这位闻名遐迩的世界级企业家迎来如此灾难性的失败，议论纷纷。

然而，事业的大厦轰然倒地，并没有使这位老人就此倒下去。出现在人们眼前的他依然精神十足，匆匆行走在大街小巷上。过了一段时间，老人和几个年轻人携手合作，开办了一家网络咨询公司。一年后，老人重新堆砌的事业大厦又屹立在人们面前。

当记者采访老人，问他为何能够在这么短的时间里东山再起时，老人快乐地大笑起来，久久不语。记者等了好久，老人也未给出答案，而是又忙自己的事了。记者疑惑地又重提起这个话题，老人第二次快乐地大笑起来，他只说了短短一句："其实，我已给出答案!"此时，记者才恍然大悟——快乐心情是老人东山再起的法宝。

这位老人就是日本曾经最大的零售集团——"八佰伴"的总裁和田一夫。

在商场的长期拼搏中，和田一夫悟出了这样一个简明的道理：快乐就是一束阳光，迎着阳光向前看，满眼光明，身心温暖，倍增力量。

曼德拉的顿悟

南非的曼德拉先生因为领导反对白人种族隔离政策而入狱，白人统治者把他关在大西洋的一个小岛上27年。当时尽管曼德拉已经76岁高龄，但是白人统治者依然像对待一般的年轻犯人一样虐待他。

后来，当1991年曼德拉出狱当选总统以后，曼德拉在他的总统就职典礼上的一个举动震惊了整个世界。

总统就职仪式开始了，曼德拉起身致辞欢迎他的来宾。他先介绍了来自世界各国的政要，然后说，虽然他深感荣幸能接待这么多尊贵的客人，但他最高兴的是当初他被关在岛上时，看守他的三名前狱方人员也能到场。他邀请他们站起身，以便他能介绍给大家。

曼德拉博大的胸襟和宽宏的精神，让南非那些残酷虐待了他27年的白人汗颜得无地自容，也让所有到场的人肃然起敬。看着年迈的曼德拉缓缓站起身来，恭敬地向三名曾关押他的看守致敬，在场的所有来宾都静下来了。

后来，曼德拉向朋友们解释说，自己年轻时性子很急，脾气暴躁，正是在狱中学会了控制情绪才活了下来。他的牢狱岁月给他时间与激励，使他学会了如何处理自己遭遇的苦难与痛苦。他说，感恩与宽容是源自痛苦与磨难的，必须以极大的毅力来训练。

他说起获释出狱当天的心情：“当我走出囚室、迈过通往自由的监狱大门时，我已经清楚，自己若不能把悲痛与怨恨留在身后，那么我其实仍在狱中。”

农场的动乱

农场里，有一只鸭子不小心踩了公鸡一脚，公鸡恼怒地说：“我要报仇！”说完便扑向这只鸭子，可是就在同时，它的翅膀打到了旁边的一只母鹅。母鹅也很生气，认为公鸡是故意的，于是对公鸡说：“我要报仇！”说完就扑向了公鸡。扑过去的时候，它的脚不小心弄乱了猫的毛。“我要报仇！”猫儿喵喵地叫着，然后奔向母鹅。可是就在它奔过去的时候，它的脚碰到了一只山羊。“我要报仇！”山羊咩咩地叫着，便向猫撞过去。就在这时，有一只牧羊犬从那儿走过，被山羊撞倒了。“我要报仇！”牧羊犬跑得飞快，去追山羊。因为闪避不及，和一头母牛撞了个满怀。“我要报仇！”母牛也怒吼起来，开始追牧羊犬。这头母牛在慌乱之中，不小心踢了马一脚。“我要报仇！”马也嘶鸣起来，冲向母牛。

由此，农场引发了一场混战！

家禽牲畜们相互追逐着都要报仇。而这一切混战的起因只是一只鸭子不小心踩了公鸡一脚。农夫听到骚乱声，马上跑出来，气得把这些动物统统关到各自的笼子或栏圈里。它们自由自在的好时光就这样结束了，而这都是因为它们太在意一件无关紧要的小过错。

我们的心态有时不也和这些小动物们一样吗？一件小事往往就可以让我们耿耿于怀甚至暴跳如雷。学会换个心情看事情，不要任凭怒气包围着自己。

智者忍气含怒，愚者怒气全发。

生活中，人与人之间的磕磕绊绊在所难免，但是不能为了鸡毛蒜皮的小事就丧失理智，放任情绪。